Lotte Ingrisch

Der Geisterknigge

Lotte Ingrisch

Der Geister-*Knigge*

Vom Umgang mit Totengeistern, Naturgeistern, Tiergeistern und dem Großen Geist selbst

LangenMüller

Besuchen Sie uns im Internet unter:
http://www.langen-mueller-verlag.de

Gedruckt auf chlorfrei gebleichtem Papier

Umschlaggestaltung: Wolfgang Heinzel
Umschlagbild: Corbis, Düsseldorf
Herstellung und Satz: VerlagsService Dr. Helmut Neuberger
& Karl Schaumann GmbH, Heimstetten
Gesetzt aus der 11/16 Punkt Garamond ITCBQ
Druck und Binden: GGP Media GmbH, Pößneck
Printed in Germany
ISBN 3-7844-3042-2

Gottfried von Einem,
Jörg Mauthe,
und meinen drei Zwergen
gewidmet

*»Wir sehen die klügsten, verständigsten Menschen
im gemeinen Leben Schritte tun,
wozu wir den Kopf schütteln müssen.«*

Adolf Freiherr von Knigge,
»Über den Umgang mit Menschen«

INHALT

Geister lebender Personen

»Ich werde meinem Ebenbild begegnen, und mein Ebenbild wird mir begegnen.«

Linker Ginza, III, 31. Aus den heiligen Büchern der gnostischen Mandäer. Der rechte Ginza ist auf das diesseitige, der linke auf das jenseitige Leben bezogen.

»Der unsichtbare Körper besitzt die gleichen Sinne wie der materielle Körper, sie sind aber unvergleichbar subtiler und ausgereifter. Der organische Körper ist trotz seiner bewundernswerten Struktur aller Teile nur ein grobes und sehr unvollkommenes Abbild des unsichtbaren Körpers. … Daraus entstehen jene eigentümlichen Erscheinungen, jene Phantome, welche die Vorstellung eines Beobachters mit Schrecken erfüllen.«

Eugène Ledos, »Les Types Physionomiques«

»Als ich einst saß und ein Geheimnis aufschrieb, sah ich plötzlich die Gestalt meiner Wesenheit mir gegenübertreten, meine Wesenheit war von mir entrückt und ich war gezwungen, mit dem Schreiben aufzuhören.«

R. Mose Ben Jaakob, Kabbalist

»Der eineiige Zwilling ist ein realisierter Doppelgänger, der Doppelgänger ist ein imaginärer Zwilling ... Der Mensch ist ein phantombildendes Lebewesen.«

Max Mikorey, Münchner Psychiater und Neurologe

»Ich habe es wiedererkannt und begriffen: es ist mein Ich, von dem ich getrennt gewesen war. Und ich habe darüber Zeugnis abgelegt, dass dies mein eigentliches Ich ist.«

Mani, im Pap. Colon 4780, zitiert nach Wolfgang Schultz, »Dokumente der Gnosis«

»Die Vorstellung eines zweiten Leibes, der als eine Art Doppelgänger dem grob materiellen Körper innewohnt, ist so alt wie die Menschheit.«

Aniela Jaffé, »Geistererscheinungen und Vorzeichen«

Das Loch in der Seele

Wir sind alle Gespenster. Das Gespenst einer lebenden unterscheidet sich vom Gespenst einer toten Person dadurch, dass es noch nicht gestorben ist. Das Gespenst eines Lebenden hat sich vorübergehend, das Gespenst des Toten für immer vom Leib getrennt.

Einst haben die Leute das alle gewusst. Überall auf der Welt. Denn sie hatten ein Loch in der Seele, durch das die Unirdischen ein- und austreten konnten. Gespenster, Geister, Dämonen, Götter. Ein Loch in der Seele ist sehr wichtig. Wächst es zu, büßt man 99 Prozent der Welt ein. Mindestens. Dann hat man nur mehr Sex, Kinder und Karriere. Was vielleicht auch ganz nett ist und den meisten genügt. Wem es nicht genügt, der wird traurig und immer trauriger und weiß nicht, warum. Trotz Familie und Geselligkeit bleibt er einsam.

Löcher in der Seele wachsen entweder von selbst zu, wenn man Mist hineinfallen läßt.

Oder sie werden in Schule und Elternhaus zugenäht. Die Kirchen des Materialismus wie die Kirchen der Religionen haben große Angst vor dem

Loch in der Seele, durch das ihnen der Gläubige jederzeit leicht entschlüpft.

Ist das Seelenloch einmal zu, kriegt man es schwer wieder auf. Die vielen Buden auf dem Jahrmarkt der Esoterik versprechen zwar für gutes Geld seine Öffnung, aber Vorsicht! Es kann sein, dass sie es mit allerlei Unrat noch mehr verstopfen. Am besten, man geht ganz allein in die Stille, hört dem Wind zu, dem Regen und wartet auf nichts. Wenn man auf nichts wartet, kann es passieren, dass etwas kommt.

Es gibt kleine und größere Seelenlöcher, und natürlich geht nicht in alle das Gleiche hinein. So haben die Menschen Techniken entwickelt, ihre Seelenlöcher zu dehnen. Ob das gut ist? Ich glaube, die beste Technik – eben weil sie keine ist – wäre ein freundliches Herz.

Auch sollte der Lärm der Wünsche manchmal verstummen.

Der Weg nach Innen ist aber, das gehört endlich gesagt, ein grammatischer Irrtum. Gehe ich in mich, komme ich bei den Eingeweiden an. Die Seele ist weder im Herzen noch in der Leber. Sie ist im und außerhalb des Körpers. Nicht der Leib hat eine Seele, sondern die Seele hat einen Leib. Oder mehrere.

Die alten Märchen erzählen von der Reise in die Seele. Sie kann lang oder kurz sein, je nachdem, wie weit diese sich vom Körper entfernt hat. Die Seelenreise ist ein Abenteuer, eine Prüfung, und die himmlische Geographie hat wenig mit der irdischen zu tun.

Jeder muss seine Seele suchen und finden. Macht er die Reise nicht, lebt er womöglich ohne sie. Das tun viele und merken es nicht einmal. In diesem Fall spielt es keine Rolle, ob sie ein Loch hat oder nicht.

Déjà-vu

Das ist ein so genanntes »falsches« Wiedererkennen. Das Gefühl, etwas früher schon einmal gesehen oder erlebt zu haben. Von pathologischer Erinnerungstäuschung bis zur Präkognition gibt es etliche Erklärungen für das Phänomen, die alle nicht stimmen. In Wirklichkeit ist es weder pathologisch noch falsch. Déjà-vu ist eine ganz normale wahre Gespenstergeschichte, die in vielen Variationen auf der ganzen Welt erzählt wird.

Eine Dame träumt nachts immer wieder von einem fremden Schloss irgendwo. Sie geht durch die Gänge, durch die Zimmer, sie kennt sie mit der Zeit so gut wie ihr eigenes Haus. Als sie einmal auf Reisen geht, hört sie von einem Spukschloss in der Gegend, besucht es – und glaubt, obwohl sie hellwach ist, zu träumen. Die Schlossherrin kommt, um den Gast zu begrüßen, und erschrickt. »Aber Sie sind ja«, ruft sie, »unser Gespenst!«

Die Dame war jedenfalls nicht tot, als sie spukte. »Phantasms of the Living«, also »Gespenster lebender Personen« heißt das von Myers, Gurney und Podmore 1886 herausgegebene Standardwerk zum Thema. Frederic Myers war Philosoph und Altphilologe, Edmund Gurney ein Gelehrter, der sich mit alten Sprachen, Musik und Medizin befasste, und Frank Podmore der langjährige Sekretär der englischen Gesellschaft für Psychische Forschung, der höchst angesehene Universitätsprofessoren aller Fakultäten angehörten. In der Blütezeit dieser »Society for Psychical Research« war die Unsterblichkeit das Objekt ihrer Forschung, und sie erkundete die unsichtbare Welt.

Inzwischen wurde die Parapsychologie selbst ein Opfer des Materialismus, gegen den sie eigentlich angetreten ist. Sie beschränkt sich darauf, in Laboratorien zu wiegen und zu messen, was unwägbar und unmessbar ist. Experimente zu wiederholen, die nicht wiederholbar sind, weil die Anfangsbedingungen nie exakt gleich sein können.

»Ereignisse«, sagt der Physiker Herbert Pietschmann, »wiederholen sich nicht.«

Ich hoffe, die »wissenschaftliche« Parapsychologie stirbt bald an ihrer eigenen Langeweile, und ein neuer Kolumbus segelt ins Meer des Bewusstseins. Es gibt noch so viele Kontinente zu entdecken!

Wie konnte die Dame ein fremdes Schloss besuchen, während sie weit fort in ihrem eigenen Bett lag und schlief? Hat sie nur geträumt und den Traum nicht vergessen? Aber wieso hat die Schlossherrin sie dann als Gespenst erkannt, das seit Jahren bei ihr spukte?

Wollen wir die Geheimnisse des Lebens ergründen, müssen wir heraus aus den Laboratorien gehen. Leben ist, wie seine Geheimnisse, ganz natürlich. Was wir im Laboratorium darüber erfahren, ist ein Kunstprodukt.

Zwei Körper wohnen, ach ...!

Berühmt wurde Fräulein Emilie Sagée, eine junge französische Erzieherin. Sie flog von allen Pensionaten, ich glaube, es waren achtzehn. Denn sie hatte das Pech, sich fortwährend zu verdoppeln. Sie konnte nichts dafür, es ist ihr einfach passiert. Schlimm genug, dass sie die Bewegungen des Originals wie ein Affe nachahmte. Aber nein, das verflixte Double machte sich auch noch selbstständig! So kam es, dass die Ärmste mit Kreide an die Tafel schrieb, während sie gleichzeitig Rosen im Schulgarten schnitt oder in ihrem Bett lag und schlief. Als sie einer Schülerin einmal den Rock zuknöpfte, sah diese zwei Fräulein, die an ihr knöpften, und fiel vor Schrecken in Ohnmacht.

Am lustigsten ist der Fall eines gebildeten und besonnenen Mannes, der eines Abends die Toilette aufsuchte – und da saß er selbst bereits auf der Brille. Er wollte seinen Augen nicht trauen. Starrte sein Alter Ego böse an. Aber es half alles nichts. Er musste warten, bis die Erscheinung nach einer Viertelstunde endlich verschwand.

So etwas gibt es nicht? Aber ja, und viel öfter, als

man glaubt. Die große Geschichte ist voll von diesen kleinen Geschichten, sogar Schopenhauer und Kant zerbrachen sich darüber den Kopf. Apollonius von Tyana ist es passiert, Pythagoras und der Königin Elisabeth von England, wenn auch nicht der derzeitigen. Antonius von Padua, dem heiligen Ambrosius, Feldmarschall Robert Napier, Papst Clemens, Alfons von Liguori, Pater Pio sowie diversen Mystikern und anderen Heiligen sämtlicher Religionen. Das Alte Testament und die Kirchengeschichte sind eine wahre Fundgrube authentischer Fälle. Robert Monroe schrieb lesenswerte Bücher über seine eigenen, höchst erstaunlichen Erfahrungen. Lord Byron und Goethe, Shelley, Lenau und Trakl flanierten außerhalb ihrer natürlichen Körper, es scheint dies eine frivole Angewohnheit von uns Literaten zu sein.

Und erst die Dunkelziffer der Unbekannten! Wer erzählt schon gern, dass er sich selbst oder andere doppelt sieht? Man wird ihn entweder für einen Alkoholiker halten oder gleich für verrückt. Von der Wirklichkeit erwarten wir, dass sie unsere Vorurteile bestätigt. Und wehe, sie tut es nicht! Ein bisschen mehr Mut, ein bisschen mehr Phantasie – und die ganz normale Welt würde sich als das spannendste aller Abenteuer offenbaren.

Dass nur die wenigsten Doubles bemerkt werden, liegt allerdings nicht am Mangel von Mut und Phantasie. Sondern daran, dass wir sie für das Original halten. Sie können sicher sein, dass Sie in einem fort Gespenstern lebender Personen begegnen, von denen Sie die meisten nicht kennen. Das ist nicht gruseliger als die Venus, die als Abendstern am Himmel steht, und als Morgenstern auch.

Die Vorstellung eines zweiten Leibes ist so alt wie die Menschheit.

Der Doppelgänger

Sie sind nicht Ihr Körper! Das ist niemand. Der Körper ist eine Erscheinung. Wer oder was in ihm erscheint, wissen wir nicht. Eine Erscheinung unter vielen. Der Körper ist nur ein Phantom. Ein Phantom unter vielen. Glauben Sie nicht, das wären Sie selbst!

Alle alten Kulturen kennen den Plural des Leibes. Im Allgemeinen tritt er dreifaltig auf. Als der natürliche materielle Körper, und dann gibt es noch zwei andere. Den einen nennt Paracelsus den siderischen oder Astralleib, über den er in der »Philosophia sagax« schreibt: »Das Fleisch des Menschen muss also verstanden werden, dass seiner zweierlei Art ist. Das Fleisch aus Adam und das nicht aus Adam stammende Fleisch ... Es bedarf keiner Türe, keines Loches, sondern geht durch Mauern und Wand und zerbricht nichts; es ist ein subtiles Fleisch, das nicht zu binden oder zu fassen ist, denn es ist nicht aus Erde gemacht.«

Dieser siderische oder Sternenleib trennt sich schon zu Lebzeiten immer wieder vom irdischen Körper und verlässt ihn endgültig im Tod. Er ist der aus Geschichte und Geschichten allzeit bekannte Doppelgänger. Es gibt ihn wirklich, das bezeugen unzählige Dokumente, und ich selbst bezeuge es auch. Denn ich gehöre zu denen, die sich spontan von ihrem gewöhnlichen Körper lösen und an mehr oder weniger entfernten Orten erscheinen. Unfreiwillig, und ich weiß nichts davon. Nur Menschen, die mich dann wahrnehmen, berichten es mir. Enge Vertraute, flüchtige Bekannte und Wildfremde. Die persönliche Nähe hat offenbar nichts damit zu tun.

Als mein Mann Gottfried von Einem starb, spielten die Wiener Philharmoniker bei den Salzburger Festspielen zum Abschied seine Musik. Ich saß in der ersten Reihe. Vor Zeugen! Nur, ich war gar nicht da. Ich habe nicht einmal gewusst, dass sie für ihn musizierten.

Im alten Wiener Rathaus spiele ich in einer Runde Tarock. Allerdings kann ich nicht tarockieren und war noch nie dort. Ich treibe mich in fremden Küchen und Schlafzimmern herum. In Wäldern, Städten und Straßen, wo ich überall auch nicht bin. Melde mich mit meinem Namen und meiner Stimme an Telefonen anderer und spreche, während ich zur selben Zeit Gäste in meiner Wohnung empfange. Besuche einen Sterbenden im Spital und tröste ihn. Mache Bekanntschaften in der Eisenbahn und verschwinde plötzlich. Diskutiere bei einem Religionskongress, an dem ich nicht teilnehme. Meine Zeugen sind Politiker und Hausfrauen, Beamte, Verwandte, Universitätsprofessoren, Künstler. Lauter honorige Leute. In Österreich bin ich ein bunter Hund, man kennt und erkennt mich. Ohne Zweifel bilokalisiere ich mich zuweilen. Das heißt, ich bin gleichzeitig an zwei verschiedenen Stellen gegenwärtig, wie man es von Pater Pio und anderen Heiligen kennt. Ich bin aber nicht heilig, also muss die Verdoppelung natürliche Ursachen haben.

Gottfried von Einem, mein Kron- und Lieblingszeuge, sah mich in verschiedenen Stadien der Doppelgängerei. Manchmal glich ich dem gewöhnlichen Körper, nur war er dann jünger und schön. Auch hexenhaft manchmal und erschreckend. Das erinnert an Tote, die jung, schön oder zum Fürchten erscheinen. Doch ich lebte! Mein zweiter Leib konnte mehr oder weniger durchsichtig sein, durch die Wand gehen, in der Luft schweben und leuchten. Und immer trug er, während ich der zwanglose Hosentyp bin, lange Kleider. Oft befanden beide sich im gleichen Zimmer, nur ein paar Meter voneinander entfernt. Ich konnte sogar, während ich an meinem Schreibtisch saß, unsichtbar werden. Eine Gabe, die ich nicht nur mit den Elfen, sondern auch mit anderen Menschen teile. Zum Beispiel mit dem dreifachen Doktor Wolfgang Mastnak, Ordinarius an der Musikhochschule in München. Nach Konzerten, er ist Musikologe und Pianist, kann man ihn stundenlang suchen, während er direkt vor dem Saal auf einer Bank sitzt. Ähnlich erging es dem Berliner Komponisten Boris Blacher, der zur Zeit der österreichischen Besatzung problemlos zu den Salzburger Festspielen einreisen konnte. An der Grenze wurde er einfach unsichtbar. Aber davon wusste er so wenig wie Wolfgang Mastnak oder ich selbst.

Diese Phänomene werden vom Gehirn weder gesteuert noch registriert.

Was passiert also, und wie? Ich weiß es nicht. Die Wissenschaften sollten ihren materialistischen Aberglauben endlich aufgeben! Jenseits des Positivismus gäbe es so viel zu erforschen. Energie kann Zustände annehmen, von denen wir noch keine Ahnung haben.

Oder eine Ahnung vielleicht doch? Wir finden ihre Spur in alten Mythen, versunkenen Kulturen, verlorener Weisheit. So ist die vor- und nachchristliche Gnosis ein Schatz, der seit bald zweitausend Jahren darauf wartet, gehoben zu werden. »Die Stimme des Traumerwachens in der ewigen Nacht …«

Ein Mensch der anderen Welt

Die Römer haben die Kelten ausgerottet, und die Christen die Gnosis. Fressen und Gefressenwerden ist auf Erden das Gesetz. Das gilt nicht nur für die Leiber. Wir töten, um zu leben. Ein Tier das andere. Und ein Sinn, ein Weltbild das andere Weltbild, den anderen Sinn.

Wie schon der heilige Paulus, lehrt die Kirche die Auferstehung des Fleisches. Gnosis hingegen ist Erkenntnis des Übersinnlichen, das in und hinter der Körperwelt »in ewigem Geheimnis unsichtbar sichtbar« ist. Kein Gnostiker würde wünschen, dass sein Fleisch aufersteht. Denn er weiß, dass er eine irdische Hülle nach der anderen ablegen wird. Vom Körper steigt er zum Luftleib auf, zum Ätherleib und zum Geist- und Lichtwesen. Geist, Gott und Licht sind eins.

Die Kelten waren gewiss keine Gnostiker, und der Leib war ihnen nicht fremd, sondern sie freuten sich seiner Leidenschaft. Trotzdem stiegen auch sie sterbend in die drei mystischen Welten auf. Wurden vom Körper zum Geist und zuletzt strahlendes Seelenlicht.

»Ich bin auf der Welt«, weiß der Gnostiker, »aber nicht von der Welt.« Er kommt, und das spüren wir manchmal auch, von anderswo. Vielleicht, weil wir aus Sternenstaub sind? »Du bist nicht von hier, deine Wurzel ist nicht von der Welt«, verrät uns der mandäische rechte Ginza, und der linke Ginza sagt: »Du kommst und stammst nicht von hier: deine Stätte ist die Stätte des Lebens.« Und im Johannes-Evangelium: »Ich bin ein Mensch der Anderen Welt.«

Die Gnosis kennt den irdischen, den seelischen und den geistigen Menschen. Wäre es möglich, dass der seelische Mensch kein anderer als unser Doppelgänger ist? Der vogelgestaltige, den Tod überdauernde Ba Ägyptens, die australische Schattenseele und die Freiseele der nordamerikanischen und finnischen Völker. In Südostasien nannte man sie Traumseele und bei den Altvölkern Indonesiens Hambaruan.

Auf Grund eigener Erfahrungen vermute ich ihren Sitz in der Thymusdrüse, von der aus sie sich frei im Raum bewegt. Sie wird von anderen Personen, aber auch vom eigenen Ich wahrgenommen, wie es Goethe widerfuhr. Seinen Doppelgänger zu sehen bedeutet nicht unbedingt eine Ankündigung des Todes. In meinen Zwanzigerjahren begegnete ich häufig mir selbst und wechselte dann, ein bisschen unheimlich war es mir schon, sofort die Straßenseite. Gestorben bin ich aber nicht, und auch sonst hatte es keine Folgen.

Der Sternenleib

Die Elemente sind von Feen und Kobolden, Gespenstern und Dämonen erfüllt, deren Wahrnehmung wir erfolgreich verweigern. Aber sie schleichen sich in unsere Märchen und Mythen ein wie die geheimnisvollen Zwillinge, von denen der eine sterblich und der andere unsterblich ist.

»Es gibt unter den Frommen«, sagt Mose Cordovero, ein Kabbalist aus dem 16. Jahrhundert, »einige wenige, die schon zu Lebzeiten ihre Gestalt erfahren.« Diese Gestalt oder Wesenheit ist der Doppelgänger, unser unsterblicher Zwilling und vielleicht die Seele in Person.

Auch die Alchimisten haben sie gekannt und nannten sie das »corpus subtile«, den feinstofflichen Leib oder das Gestirn im Menschen. Ein Hauchkörper zwischen Stoff und Geist. Ein paar hundert Jahre später spukte er, wenngleich allgemein, in Quantenmechanik und Psychologie. Werner Heisenberg nahm eine Art Astralebene zwischen Subjekt und Objekt an, und auch Wolfgang Pauli – Nobelpreisträger beide – forschte auf der Grenze von Materie und Geist. Er erkannte den Zwillingscharakter der Realität, ihre rationale und irrationale Seite. C. G. Jung nannte die geheimnisvolle Zone zwischen Physis und Psyche psychoid.

Ich vermute, dass in dieser Zone der irrationale Doppelgänger erscheint. Seine Erscheinung kann unscharf werden. Schwankt zwischen Sichtbar- und Unsichtbarkeit. Sie fließt. Und kann jede Gestalt annehmen. Sich in alles verwandeln.

Ein Afrikaner entdeckt, dass seine Frau Nacht für Nacht vom gemeinsamen Lager verschwindet. Einmal schleicht er ihr nach, verliert ihre Spur. Wo sie ging, springt ein Panther. Er schießt einen Pfeil nach dem Tier. Am nächsten Morgen liegt seine Frau mit einer blutenden Wunde neben ihm.

Oder ein frisch im Busch eingeflogener Ethnologe macht seinen Antrittbesuch bei der Dorfhexe. Artig stellt er sich vor. »Ich kenne Sie schon«, sagt die Hexe. »Ich war gestern Abend vor Ihrer Hütte.« – »Aber da war niemand«, sagt der Ethnologe. »Nur eine Eule.« Und dann erschrickt er.

Wenn Sie sich ein wenig mit Völkerkunde beschäftigen, finden Sie tausende solcher Geschichten. Akribisch aufgezeichnet und bestätigt von Feldforschern und Missionaren. Oder in den Märchen aus aller Welt. Aber das sind keine Märchen. Menschengeister erscheinen nicht nur in Menschengestalt.

Vielleicht schauen Sie sich Ihr Haustier oder Ihre Zimmerpflanze einmal genauer an?

Ein unsichtbarer Zwerg

Wilde, wie man unlängst noch die wissenden Ur- und Naturvölker nannte, glauben an Wesen, die in und hinter den Erscheinungen wirken. Ein Tier lebt und bewegt sich, weil ein kleines Tier in ihm es bewegt. Ein Mensch lebt und bewegt sich, weil in ihm ein kleiner Mensch ihn bewegt. Ein Zwerg.

Eine Freundin – Aristokratin mit Doktorat und kein bisschen wild – hat mir erzählt, dass sie einmal mit ihrem Liebhaber im Bett lag, und auf einmal sieht sie sich selbst und ihn auf dem Schrank sitzen. Zwei Zwerge.

Ein europäischer Missionar wollte den Aborigines die unsterbliche Seele erklären. »Ich bin nicht Einer, wie ihr denkt«, sagte er, »sondern zwei. Zwei in einem. Der große Körper, den ihr seht, ist der Eine. In ihm drin ist noch ein kleiner, den ihr nicht sehen könnt, weil er unsichtbar ist. Der große Körper stirbt und wird begraben. Der kleine aber fliegt davon, wenn der große stirbt.« Die Aborigines waren nicht überrascht. »Wir sind auch zwei«, sagten sie. »Wir haben einen kleinen Körper in der Brust. Nach dem Tod geht er in den Busch oder ins Meer, wir wissen es nicht genau.«

Die Eskimos meinen, die Seele hätte dieselbe Gestalt wie der Körper, nur viel feiner. Eine ätherische Gestalt. Für die Nutkas ist sie ein winziges Männlein im Kopfwirbel. Daumengroß, unsichtbar und unkörperlich für die Malayen, und er fliegt geschwind von einem zum anderen Ort. Bei Ohnmacht, Krankheit und Schlaf verlässt er zeitweise, im Tode für immer, den Leib. Einige Indianerstämme kennen gleich vier Seelen, die wichtigste ist der Zwerg.

Es gibt dicke und dünne, leichte und schwere, kurze und lange Seelen. Kinder, die jung sterben, haben kurze und Greise eine lange Seele. Den Nias zufolge bestellt man sie vor der Geburt. Die schwerste Seele wiegt zehn Gramm, und das ist erstaunlich! Denn Seelenmessungen, die unsere Wissenschaftler seit einigen Jahren an Sterbenden vornehmen, ergeben exakt dieses Gewicht.

Diese Wilden, deren Weisheit wir leider verloren haben, erkannten den unsterblichen Kern in der sterblichen Hülle. Und wie die europäischen Volksmärchen wussten sie auch, dass die Seele manchmal Tiergestalt hat. Sie kann ein Vogel sein, und die Malayen locken sie mit Reis an. Fällt auf Borneo jemand vom Baum, streut man Körner: »Kluck, kluck, Seele! Komm wieder ins Haus.«

In Deutschland glaubte man früher, die Seele schlüpfe dem Schlafenden in Gestalt eines kleinen Vogels oder einer weißen Maus aus dem Mund. In Siebenbürgen ließ man ein Kind nie mit offenem Mund schlafen, es würde sonst nicht mehr erwachen. Und so ist es auch bei Naturvölkern verboten, einen Schlafenden plötzlich zu wecken. Die Seele hat sonst womöglich nicht Zeit genug für die Rückkehr, und der Schläfer wird krank oder stirbt. Sogar wir haben noch immer eine natürliche Scheu davor, Schlafende zu wecken.

Die Seele kann den Menschen aber auch verlassen, wenn er nicht schläft. Die Karens von Burma sorgen sich fortwährend um ihre Seelen, dass sie nicht außerhalb ihrer Körper herumstreunen und sie sterben lassen.

Ein Mann vom Wurunjeri-Stamm in Australien lag, weil sein Geist ihn verlassen hatte, in den letzten Zügen. Der Medizinmann lief dem Geist nach und packte ihn, als er sich gerade ins Abendrot stürzen wollte. Das ist nämlich das Licht, das die Seelen der Toten auf ihrem Weg in die Unterwelt, wo die Sonne zur Ruhe geht, ausstrahlen. Der Medizinmann fing also den flüchtigen Geist und brachte ihn zurück in den Sterbenden, der wieder auflebte.

Im Kongo oder auf Sumatra, überall lockt man die Ausreißer-Seelen mit Reis wie Hühner: »Komm zurück, o Seele, ob du im Wald weilst, auf den Bergen oder im Tal. Siehe, ich rufe dich mit einem Ei und elf Heilkräutern. O komm wieder nach Haus!«

Oder man richtet ein Mahl aus einem Hahn, einem

Huhn, Reis und einem Bündel Bananen. Das Familienoberhaupt klopft dreimal auf die Hausleiter: »Prrroo! Komm zurück, Seele, bleibe nicht draußen. Wenn es regnet, wirst du nass. Scheint die Sonne, wirst du heiß. Mücken werden dich stechen, Blutegel beißen, Tiger fressen. Der Donner wird dich zermalmen. Prrroo! Komm zurück, Seele! Hier wird es dir gut gehen. An nichts soll es dir fehlen. Komm und iss, geborgen vor Wind und Sturm.« Danach verzehrt die Familie das Mahl, und jeder bindet sich einen vom Hexenmeister verzauberten Faden um das rechte Handgelenk, um die Seele zu fesseln.

Man nimmt an, dass die Seele vom vielen Wandern müde ist und stellt, um sie zu erfrischen, Wein, Wasser und Reis vor die Tür.

Die Abwesenheit der Seele erfolgt nicht immer freiwillig. Sie kann dem Körper durch Gespenster, Dämonen oder Zauberer entrissen werden. Darum bindet man die Kinder mit einem Strick ans Haus, wenn ein Leichenzug vorübergeht, damit ihre Seelen nicht in den Toten schlüpfen.

Wird ein Grab zugeschaufelt, vertreibt eine Zauberin die Seelen der Leidtragenden mit einem Stock, damit sie nicht ins Grab kriechen und mit Erde bedeckt werden. Ihr Eigentümer würde dann sterben.

Auf den Loyalty-Inseln fürchtet man, die Seelen der Toten könnten die Seelen der Lebenden stehlen. Wird ein Mensch krank, zieht die Dorfgemeinschaft zum Begräbnisplatz. Hier spielen die Männer Flöte und die Weiber pfeifen leise, um die Seele heimzulocken. Sanft und mit geöffneter Hand treiben sie die Seele zurück und befehlen ihr, wieder in den Körper des Kranken zu gehen.

In einigen Gegenden Westafrikas stellen Zauberer Fallen auf, um die sich im Schlaf von ihren Körpern entfernenden Seelen zu fangen. Mit den gefangenen Seelen wird dann ein reger Handel getrieben.

Ist das heute anders? Stellen nicht Werbung und Politik Seelenfallen am laufenden Band auf? Mit in den Medien gefangenen Seelen betreiben sie ihren Erfolg, ihre Macht, ihr Geschäft. »Gluck, gluck, Seele von Jemandem, komm her zu mir!«

Die Malaysier wollen so die Liebe des oder der Angebeteten gewinnen, die Europäer und Amerikaner ihre Kreditkarte, und sie beten die Kunden nicht an. Ihre Werbung ist nicht von der malaysischen Poesie: »Wenn der Donner rollt, denke an mich; / Wenn der Wind pfeift, denke an mich; / Wenn die Himmel regnen, denke an mich; / Wenn die Hähne krähen, denke an mich; / Schaust du den Mond an, so denk an mich; / Denn im Monde bin ich. / Gluck, gluck, Seele von Jemandem, komm her zu mir. / Lass deine Seele zu der meinen kommen.«

Wir lassen uns nicht zur Liebe verzaubern, sondern zum Kauf eines Waschmittels, Handys oder Automobils. Wie traurig. Die Zivilisation hat uns unserer natürlichen Wurzeln beraubt. Aber verändert hat sie uns nicht. Wir fühlen noch immer so, wie die alten Völker gefühlt haben. Und die Industrie kalkuliert mit unseren Gefühlen, sie sind ihr Geschäft. Lass deine Seele in meine Automarke kommen und in mein Handynetz!

Manche Völker meinten, die Seele lebe im Schatten oder Spiegel des Menschen. Das ist bedrohlich, denn im Spiegel oder Schatten können ihm böse Geister das Leben rauben. Noch heute werden, wenn jemand stirbt, die Spiegel im Haus zur Wand gedreht oder verhängt, damit der Geist des Toten nicht die Spiegelbilder der Lebenden mit ins Grab nimmt.

Nicht nur in Schatten und Spiegeln, auch in Fotografien leben die Seelen in großer Gefahr. Darum lassen auch jetzt noch die Leute in manchen Gegenden sich nicht gern fotografieren. Denn man kann durch ein Bild verderblichen Einfluss auf das Original nehmen.

Das stimmt, ich kann es bezeugen, wenn auch der Einfluss alles andere als verderblich war. Der chinesische Universitätsprofessor und Qigong-Meister Cong brachte die Fotografie seines Lehrers, eines Arztes, nach Wien. Er wohnte damals bei der legendären Akupunkturärztin Ingrid Wancura in der Josefstadt. Wenn Ingrid nach einem anstrengenden Praxistag erschöpft in ihre Wohnung kam, hielt Professor Cong ihr das Bild seines Lehrers, der über magische Fähigkeiten verfügte, vor die Augen. Sofort war sie wieder frisch und hellwach, aber auch irritiert. Dass die Fotografie eines Fremden sie energetisch aufladen konnte wie eine Batterie, war ihr unheimlich, und sie ließ Cong nicht länger bei sich wohnen.

Er schenkte die Fotografie später meinem Mann, dem es damals nicht so gut ging. Ich ließ sie rahmen und hängte sie über seinem Bett auf. Nicht nur die Wirkung, die das Bild auf meinen Mann hatte, war phänomenal. Auch unsere sechs Katzen haben sie verspürt. Kaum kamen sie am nächsten Morgen wie gewohnt zu meinen Mann ins Bett, sprangen sie auch schon laut schreiend wieder heraus und rannten, als wäre der Teufel hinter ihnen her, auf und davon.

Die versteckte Seele

Sind die alten Märchen und Sagen nur Sagen und Märchen? Wohl kaum. Schon gar nicht, wenn sie auf der ganzen Welt gleich erzählt werden. Zu Zeiten, in denen es noch keine Computer, Telefone und Postämter gab. Es sind also verschlüsselte Wahrheiten. Wir sollten versuchen, den Schlüssel zu finden. Einen Schlüssel, der unser eigenes Herz aufsperrt und uns vielleicht erkennen lässt, wer wir sind.

Wir kennen die Fähigkeit der Seele, sich vom Körper zu trennen. Sie geht oder fliegt dann spazieren. Doch kann sie auch, wie die Alten wussten, an einem geheimen Ort aufbewahrt werden. Solange sie dort in Sicherheit ist, kann der Mensch nicht sterben. Denn die Seele ist sein Leben selbst.

Die Geschichte vom Riesen, der kein Herz im Leib hat, wird auf der ganzen Welt erzählt. Er ist unverwundbar, er ist unsterblich, weil er seine Seele gut versteckt hat. Sein Leben, sein Herz, seinen Tod. In einem Vogel, einem Fisch, einem goldenen Kästchen. Oder einer Wespe, einem Ring, dem siebenten Kopf einer Schlange.

Bevor der Prinz in ein fernes Land zieht, pflanzt er

einen Baum im Palastgarten und sagt: »Dieser Baum ist mein Leben. Ist er frisch und grün, geht es mir gut. Welkt er, bin ich krank. Wenn er verdorrt, sterbe ich.«

Ein Menschenfresser hält eine Prinzessin gefangen und prahlt: »Weit fort in einem See liegt eine Insel, auf dieser Insel steht eine Kirche, in der Kirche befindet sich ein Brunnen, in dem Brunnen schwimmt eine Ente, in der Ente ist ein Ei, und in dem Ei schlägt mein Herz.« Tiere helfen dem Bräutigam der Prinzessin das Ei zu finden. Er zerbricht es, und der Riese zerplatzt.

»Mein Tod«, sagt der Zauberer zur Jungfrau, die er in sein goldenes Schloss gesperrt hat, »ist auf einer Insel im Meer. Auf der Insel wächst eine Eiche, unter der Eiche liegt eine eiserne Truhe begraben, in der Truhe ist ein kleiner Korb, im Korb ein Hase, im Hasen eine Ente und in der Ente ein Ei. Wer es zerbricht, tötet mich.«

Natürlich wird das Ei – und es gibt deren viele in den alten Geschichten – vom Helden gefunden und zerbrochen.

Das Leben aller Menschenfresser ist in einer einzigen Zitrone versteckt. Ein Knabe schneidet die Zitrone in Stücke, da müssen alle Menschenfresser sterben.

Ein Hexenmeister verrät der Königin, die er heiraten will, dass er nicht ist wie die anderen. »Hunderttausende Meilen entfernt in einem öden Land wachsen sechs Palmen im Kreis. In seiner Mitte stehen sechs mit Wasser gefüllte Becher, unter dem sechsten Becher ist ein Käfig mit einem kleinen grünen Papagei. Wird er getötet, muss ich sterben.« Der Sohn der Königin zieht aus, seine Mutter zu befreien. Er findet den Papagei. Als er ihm einen Flügel ausreißt, fällt der rechte Arm des Hexenmeisters ab. Er reißt ihm den anderen Flügel aus, und der linke Arm des Hexenmeisters fällt ab. Er reißt dem Papagei das rechte und das linke Bein aus, und das rechte und das linke Bein des Hexenmeisters fallen herunter. Nun ist nichts mehr übrig als Rumpf und Kopf. Der Kopf rollt mit den Augen und ruft: »Gib mir meinen Papagei!« – »Da, nimm ihn«, sagt der Prinz, dreht dem Papagei den Hals um und wirft ihn auf den Hexenmeister, der seinen Kopf verdreht und mit einem furchtbaren Stöhnen stirbt.

Es muss früher noch viel mehr Zauberer und Menschenfresser gegeben haben als heute, und sie haben ihre Seelen an den sonderbarsten Orten versteckt. Zum Beispiel auf einem von Tigern, Bären, Skorpionen und Schlangen bewachten Baum, in dessen Wipfel sich eine große fette Schlange ringelt. Auf dem Kopf trägt sie einen Käfig, im Käfig ist ein Vogel, und im Vogel sitzt die Seele. Sie kann in einem goldenen Haar sein, in der dritten Taube im Bauch eines wilden Ebers oder im Sandkorn, das unter der neunten Zunge des neunten Kopfes eines Drachen liegt. In einem Ei im Maul der Forelle, die aus einer Nebelkrähe im

Bauch einer weißfüßigen Hündin springt. Ja sogar im Herdfeuer, und wehe, man lässt es ausgehen!

In Anbetracht der Mühe, die man sich einst mit ihr machte, gehen wir heute äußerst leichtfertig mit unserer Seele um. Wir bewahren sie im Auto auf, im Titel, im Bankkonto, wenn wir sie nicht gleich offen herumliegen lassen. Da ist es kein Wunder, dass sie von jedem weltlichen oder geistlichen Spitzbuben geschnappt werden kann. Wir sollten wirklich etwas vorsichtiger sein!

Nehmen wir uns ein Beispiel an unsern Vorvätern, welche die Kunst, sich in einen Bären zu verwandeln, vom Wolf erlernt haben. Vielleicht gehen wir dann als Bären in den Supermarkt oder zur nächsten Wahl? Vor einem Bären hat man gewiss mehr Respekt.

Tier-, Blumen- und Trödelgespenster

Menschen haben einen Doppelgänger, eine Seele. Tiere auch? Selbstverständlich! Sie treten als Gespenster lebender wie auch als Geister toter Tiere auf. Ich kann es bezeugen, ich habe es selbst erlebt. Und mein Mann Gottfried von Einem auch, meine Freundin Alma Mahler-Zsolnay, Lernet-Holenia, der Dichter, und so weiter. Es ist eigentlich ganz normal. Die Kirche hat uns eingeredet, dass wir etwas Besonderes sind. Sind wir aber nicht, wir haben die gleichen Zellen, genau: Mitochondrien, wie Stubenfliege, Frosch oder Schwein. Der Unterschied zwischen einem Flusspferd und Kant ist gar nicht so groß.

Eines Morgens wachte ich in Wien auf, und unsere sechs im Waldviertler Rindlberg gebliebenen Katzen lagen auf meiner Bettdecke. Ich spürte noch, wie sie heruntersprangen – und weg waren sie. Oder mein Mann und ich hatten zwei einander gegenüberliegende, durch einen Gang getrennte Zimmer auf dem Tulbinger Kogel gemietet. Alle Katzen waren bei mir. Trotzdem strich Schneeflöckchen, unser übersinnlichster Kater, auf einmal um Gottfrieds Beine. Er hatte sich bilokalisiert.

Mea Mea Seidenprinz war gestorben. Aber noch Tage lang schnarchte der Kater wie zu Lebzeiten leise vor dem Kamin. Mümmy war grausam überfahren worden. Aber Gottfried sah ihn ganz deutlich vor dem Apfelkeller. Wir liefen beide hin, aber da hatte er sich schon aufgelöst. Einer unserer toten pratzelte einen unserer lebenden Kater in der Küche ab. Tote Katzen schlichen und schleichen im Zimmer herum. Allerdings nicht auf dem Boden, sondern in der Luft, und sie sind ein bisschen nebelig.

Alma Zsolnay beobachtete, wie ihre lebende Katze bass erstaunt ihre verstorbene anstarrte: »Ja, wie schaust du denn jetzt aus?« Alexander Lernets Hund Cindy sprang auch noch posthum zum Frühstück auf sein Bett und zog den Stuhl, auf den er sich zum Dichten setzte, wie schon früher gern unter ihm fort. Plumps, saß Alexander auf dem Parkett. Und freute sich sehr.

Im Lauf der Jahre haben fremde Leute mir zahlreiche Geschichten über ihre spukenden Haustiere erzählt. Zum Beispiel die vom verstorbenen Kanarienvogel, der eines Tages im leeren Käfig zu singen begann. Sein Frauerl weinte vor Glück, der Ehemann aber ergriff panisch die Flucht. Überhaupt kommt das weibliche Geschlecht besser mit Gespenstern zurecht. Das mag daran liegen, dass wir uns weniger von der linken, der rationalen Hirnhälfte tyrannisieren lassen. Die rechte irrationale ist sowieso viel gescheiter.

Dass man gewöhnlich weder Tieren noch Pflanzen eine Seele zubilligt, ist eine Schande.

Natürlich sind auch Pflanzen bewusste und fühlende Wesen, die nicht nur miteinander, sondern auch mit Tieren und Menschen kommunizieren. Der Philosoph und Naturforscher Gustav Fechner hat Mitte des 19. Jahrhunderts in seinem Buch »Nanna oder Über das Seelenleben der Pflanzen« darauf aufmerksam gemacht. Er wurde wegen seiner Pflanzenpsychologie verspottet und ausgelacht. Heute weiß man, er hatte vollkommen Recht. In den Dreißigerjahren des zwanzigsten Jahrhunderts verfasste der indische Physiker Sir Bose bahnbrechende Arbeiten über Pflanzenphysiologie. Er verglich Reaktionen der Pflanzen mit den nervösen Reaktionen von Tieren. Der Amerikaner Cleve Backster, Fachmann für Lügendetektoren, maß die bioelektrische Aktivität eines Drachenbaums und kam dabei der Pflanzenpsyche auf die Spur. Er stellte fest, dass Pflanzen bewusste, empfindende und der Erinnerung fähige Wesen sind, die nicht nur Menschen und Tiere wiedererkennen, sondern auch ihre – zumeist finsteren – Absichten durchschauen.

Die Arbeiten dieser drei bedeutenden Wissenschaftler decken sich voll mit den Märchen, die wir als Kinder gelesen und als Erwachsene nicht mehr geglaubt haben. Erwachsen zu werden, ist ein großes Unglück. Wer erwachsen ist, kann nicht mehr wachsen. Endstation, und weder die Welt noch wir selbst verändern sich mehr. Die Genies sind allesamt Kinder geblieben. Oder geworden, wie Jesus rät: »Wenn ihr nicht werdet wie die Kinder …« In keines der vielen Himmelreiche geht ein Erwachsener ein!

Obwohl es mir mühelos gelungen ist, nicht erwachsen zu werden, habe ich bisher weder das Gespenst einer lebenden noch den Geist einer toten Pflanze gesehen. Oder vielleicht doch? Ich erinnere mich an eine Rindlberger Nacht. Ich wachte auf, irgendjemand war in meinem Zimmer. Und da sah ich sie. Große Tannen standen rund um mein Bett. Lange. Dann knipste ich das Licht an, und langsam verschwanden sie. Der alte Kirschbaum vor dem Rindlberger Haus, in dem wir so lange gelebt haben, spricht zu mir. Ich habe ihn viele Male umarmt und liebe ihn sehr.

Als wir Rindlberg verließen, meinem Mann ging es nicht mehr gut, weinte ich. »Du wirst mich fortan inwendig berühren«, sagte der Baum, »und ich werde es inwendig spüren.« – »Und die toten Katzen im Grab unter Birke und Rose?«, fragte ich, denn ich hatte dort meine lieben Tiere begraben und jedes Mal ein Milchschüsserl für sie hingestellt. »Du kannst es noch nicht verstehen«, sagte der alte Kirschbaum. »Aber das Tote lebt nicht nur im Geist fort.« – »Du meinst, im Katzengrab – und es sind auch Vögel drin und ein Eichhörnchen und Elfriede Pipsian, die Taube – ist es lebendig?« – »Besuch mich manchmal des Nachts«, sagte der alte Kirschbaum, »und ich will versuchen, dir etwas von diesem dir noch fremden Leben zu zeigen. Die Wunder ereignen sich jenseits deines Verstands.«

Es gibt organische und anorganische Formen des Lebens. Wir halten nur für lebendig, was Materie aufnimmt, Materie ausscheidet und sich fortpflanzt. Eine ebenso dürftige wie peinliche Definition. Die Metabiologie, eine der interessantesten zukünftigen Wissenschaften, wird sie bald korrigieren.

Anorganische Personen

Zog man auf Celebes in ein neues Haus, sammelte der Priester die Seelen der ganzen Familie in einem Sack und gab sie später ihren Besitzern zurück. Und der Sack selbst, hat er auch eine Seele? Wenigstens eine ganz kleine?

Immer schon hat man Dinge geklont, obwohl man es anders nennt. Herstellen, erzeugen. Handwerklich früher, und heute fabriziert man sie am laufenden Band. Ob Hut oder Automobil, geklont wird industriell.

Tiere klont man vorläufig noch einzeln, aber ohne Zweifel bald schon en masse. So wird es auch mit Menschen geschehen, und da dürfte die Kirche ein großes Problem kriegen. Hat der Klon eine Seele? Von wem bekommt er sie, von Gott? Und wie ist das mit der Auferstehung? Also, wenn ich der Papst wäre, ich hätte schlaflose Nächte.

Nun weiß ich aus eigener Erfahrung, dass nicht nur Tiere und Pflanzen, sondern auch Dinge reagieren. Unter anderem auf mich. Eine schwere Tür geht von selbst auf, wenn ich komme. Das ist zwar nur einmal, mit dem Lift aber öfter passiert. Elektrisches Licht, Radio und Fernseher schalten sich spontan ein. Wechseln, das ergibt jedes Mal einen Sinn, das Programm. Und ein schwarzer Jaguar kann mich nicht leiden. Das ist eine schöne Geschichte, und ich erzähle sie jetzt:

Ich nahm an einem Grinzinger Heurigenabend meines Verlags teil. Um Mitternacht verabschiedete sich mein Kollege Georg Markus, Journalist und Bestsellerautor. »Nehmen Sie mich mit?«, fragte ich, denn er wohnt nur ein paar Minuten von mir entfernt. Wir begaben uns zu seinem schwarzen Jaguar. Ich stieg ein, und das Licht ging aus. Georg Markus startete. Immer wieder. Der Motor blieb tot. »Ich nehme den Verlagswagen«, sagte ich und spazierte zum Heurigen. Eine Minute später holte mich der Jaguar ein. »Sie sind ausgestiegen, und das Licht ging wieder an. Ich startete, und der Motor sprang an. Dabei habe ich nie an sowas geglaubt.« Ich erzählte Herrn Markus meine psychokinetischen Spukgeschichten. Wir hatten eine lustige Fahrt.

Angeblich gibt es einen Geistheiler für kranke oder verwirrte Computer. Sogar ich führe tiefsinnige Gespräche mit meinem Laptop und Drucker, trage ihnen meine Freundschaft an, bitte sie, mich nicht zu hassen. Manchmal erhören sie mich. Ich kenne einen Bibliothekar, der seinen Computer regelmäßig verprügelt. Was nur einen Sinn ergibt, wenn er ihn für eine Person hält. Ein Atomphysiker vom Cern besuchte mich vor ein paar Jahren. Maschinen erinnern sich, sagt dieser Dr. Hagel, und lernen von ihren Fehlern. Er arbeitet an den Beweisen. Für Verkehrswesen und Industrie wäre die Bedeutung von sich selbst korrigierenden Maschinen revolutionär.

Es gibt viele Formen des Lebens, und wir überschätzen die organischen. Obwohl mir die Doppelgänger meiner Lampe oder Küchenkredenz bisher nur im Spiegel des Alkohols erschienen sind, halte ich ihre Existenz für wahrscheinlich.

Sind Häuser Lebewesen?

Wahrscheinlich schon. Nicht gleich bei der Geburt oder dem letzten Ziegelstein. Es gibt ja auch Theorien, die neugeborenen Kindern eine Seele absprechen. Was neu ist, scheint noch nicht ganz lebendig zu sein. Warum lieben wir alte Häuser so, alte Möbel, überhaupt alles, was alt ist? Nun ja, alles nicht. Bei Menschen, Tieren und Kleidern haben wir ein Problem. Bei Bäumen nicht, im Gegenteil. Die Doppelnatur der Zeit. Ihre Dauer macht hässlich und schön, anziehend oder abstoßend. Mit Hormonen ist es, wenigstens bei Hausrat und Häusern, nicht zu erklären.

Hunde und Häuser nehmen, so sagt man, allmählich den Charakter der Menschen an, mit denen sie leben. Die Atmosphäre eines Hauses verrät, ob seine Bewohner glücklich oder unglücklich sind. Etwas von ihrem Gemüt geht in die Mauern ein. Auch Wasseradern und der fortwährende Einfall kosmischer Strahlung prägen ein Haus, und in jedem verbindet die Unterwelt sich mit dem Himmel. Das macht seine Seele zu etwas Besonderem.

In unserem kleinen Waldwiesenhaus in Rindlberg, in dem das Unter- mit dem Überirdischen Hochzeit feiert, lernte ich, mit Toten zu reden. Als ich auszog, war ich unendlich traurig. Ich klagte den Geistern mein Leid: »Kann man ein Haus auf die magische Ebene geleiten wie einen Menschen oder ein Tier? Es magisch und unverlierbar machen?« Doch nicht die Toten antworteten, sondern das lebendige Haus selbst: »Wundere dich nicht! Dies ist ein lebendiges Universum, warum sollte ausgerechnet ich tot sein?« – »Wirklich?«, fragte ich. »Du redest wirklich mit mir?« – »Wirklich und unwirklich zugleich«, sagte mein liebes Haus, »da wir einander außerhalb der gewohnten Realitäten – ja, auch sie erscheinen im Plural! – begegnen.« – »Ist deine Heimat«, fragte ich, »die gewohnte oder die ungewöhnliche Realität?« – »Beide«, sagte mein liebes Haus, »und darin gleichen wir einander. Ich habe dich auf deinen nächtlichen Reisen begleitet.« – »Hast du auch«, fragte ich, »deinen Körper verlassen?« – »Jetzt bist du sehr nahe daran, ein Geheimnis zu erraten«, sagte mein liebes Haus. Ob es auch eine Erscheinung wäre, fragte ich. »Und auf der magischen Ebene begegnest du dem Erscheinenden«, antwortete es. »Du musst niemanden verwandeln und nichts. Du musst nur durch die Erscheinungen gehen wie durch Spiegel.«

Ich rief Jörg Mauthe an, meinen jenseitigen Wolf. Ein lebenslanger Freund und der erste Tote, der zu mir gesprochen hat. Im »Donnerstagebuch« beschrieb er seine posthume Existenz. »Ich rede mit einem Haus!«, erklärte ich fassungslos. »Na und?« Mauthe fand das nicht weiter ungewöhnlich. »Das ist doch normal. Leider reden die wenigsten Leute mit ihren Häusern, darum bleiben beide, Leute und Häuser, einander fremd.«

Ein halbes Jahr, bevor mein Mann starb, beschwor ich es wieder. Ohne Rituale natürlich, ich mache nie welche. Ich glaube, man kann nur durch Stille beschwören. »Bei dem Gedanken, dich zu verlassen, bin ich entsetzt. Es ist so unfassbar, und ich heule. Mein liebes Haus, bist du in mir? Ein lebendiger Geist, der zu mir spricht? Sprich zu mir, bitte!«

»Ich bin auch traurig«, sagte mein liebes Haus. »Aber jenseits deines und meines Körpers bleiben wir ungetrennt. Mach die Augen zu, und du bist mitten in mir. Es ist aber gut, dass wieder Menschen hier einziehen, und sogar ein kleiner Hund. Leere Häuser verfallen, sie sterben. Den wahren Grund dafür kennt kaum einer. Häuser ernähren sich von organischen Energien. Es gibt gute und schlechte. Schlechte Energien machen ein Haus krank. Du, Gottfried und euere Katzen taten mir wohl. Denkt an mich, tut es oft, und geht im Geist durch meine Zimmer. Es ist dann nicht so, als wäret ihr wirklich da. *Sondern ihr seid wirklich da!* Der Unterschied zwischen Vorstellung und Wirklichkeit besteht darin, dass Wirklichkeit schwächer als ihre Vorstellung ist. Außerdem hast du oft genug in deinem unleiblichen Leib in mir gespukt. Du kannst es also auch weiterhin tun. Willst du?«

»Ich will!«, sagte ich. »Und ich liebe dich sehr. Was wird aus den anderen Geistern, die in dir umgingen und die Gottfried und ich trafen? Werden sie bleiben?« – »Sie sind alle noch da«, sagte mein liebes Haus, »und sie bleiben. Wie auch euere Gespenster, Gottfrieds und deines, und die Gespenster der Tiere, der dies- wie der jenseitigen, nicht ausziehen aus mir, auch wenn ihre Träger das tun.« –– »Träger?«, fragte ich. »Sind wir Leiblichen alle die Träger unseres Gespenstes?«

»Die Träger, ja«, bestätigte mein liebes Haus. »Doch können Gespenster oder Gespinster, das ist das vielleicht bessere Wort, sich beliebig von ihren Trägern entfernen. Euere Gespinster nisten in mir, und so habt ihr mich so wenig verloren wie ich euch. Und nicht nur ihr! Auch ich spuke, bin Gespinst und Gespenst und wehe durch euch hindurch, obwohl ich so fest erscheine. *Wir sind und bleiben anwesend ineinander*, eine höhere Einheit, die ihr noch nicht wahrnehmt, und auch ich nicht im gewöhnlichen Zustand.«

»Bewahre das Haus in deinem Herzen. Es ist dein Eingang in alle anderen Wirklichkeiten, alle anderen Vorstellungen«, sagte Jörg Mauthe, der es fünf Tage nach seinem Tod sichtbar besucht und zwei Jahre später viele Nächte lang dort mit mir gesprochen hat. »Du trittst jetzt in eine neue Beziehung zu deinem Haus ein. Eine Beziehung ganz anderer Art, aber darum nicht weniger intim. Du wirst Abenteuer in diesem Haus bestehen, von denen du bisher nicht einmal träumtest. *Alles ist möglich.* Wirklichkeit und Möglichkeit verhalten sich, wie du weißt, reziprok zueinander. Dein liebes Haus wird zur Brücke über die Ströme und Strömungen des Seins. Man wohnt nicht auf einer Brücke. Aber man geht über sie, und während man über sie geht, verwandelt man sich. *Dein liebes Haus wird dich fortan verwandeln.*«

»Und ich? Was kann ich ihm«, fragte ich, »in Liebe und Dankbarkeit tun?« – »Verwandle das Haus«, sagte er, »wie es dich verwandelt.« – »Sprichst du vom zweiten Tod?« – »Von nichts anderem. Nicht der erste, der ins Zwischenreich verbannt. Erst der zweite Tod ist die Auferstehung! Und der Auferstandene ist nicht derselbe, der starb. Auch Häuser sterben und verwesen im Zwischenreich, wenn keiner sie zum zweiten Tod erlöst. Erlöse dein liebes Haus!«

Der Doppelgänger als Astronaut

Wie es scheint, gehen Buxbaum und Schwertlilie auf Tournee, promeniert die Eiche, und das Bild des Großvaters hängt zweimal an der Wand. Aber ganz sicher bin ich beim Menschen. Das Beweismaterial aller Völker und Zeiten erstickt jeden Zweifel.

Unser Doppelgänger wandert also ohne Pass und Proviant auf der Erde herum. Das allein ist erstaunlich genug. Aber er kann noch viel mehr! Nämlich fliegen, und nicht nur nach Dublin und New York, was mir auch schon passiert ist. Dabei hat er wie die Engel gar keine Flügel. Ich erinnere mich noch, wie ich beim ersten Mal meine Arme ungelenk – wie ein Pelikan seine Flügel – bewegte. Ich hatte Angst, abzustürzen.

Das war, als es mich durch das kleine Dachfenster über meinem Rindlberger Bett aus dem Leib trieb. Durch Holz und Glas, ich bin so erschrocken. Ich würde mir, glaubte ich, alle Knochen brechen, das Gesicht zerschneiden. Aber nein, ich glitt durch die Materie, als wäre sie Luft. Mit einer Geschwindigkeit, die wohl der des Lichts ähnlich war. Wie eine Rakete sauste ich mitten hinein in die Sterne. Und nein, geträumt hab ich es nicht. Mein Mann Gottfried von Einem hat mich gesehen, aber nur auf der Erde. Was mich vermuten lässt, dass wir zwei Doppelgänger haben. Außer dem astralen auch noch einen, der vielleicht das Seelenlicht der Kelten ist, das Geistwesen der Gnosis. Kann schon sein, dass die archaische Dreiheit in den Mythen und Religionen der Menschheit dieser Erfahrung, die Einzelne immer wieder gemacht haben, entspringt. In unserer Kultur wäre das die Heilige Dreifaltigkeit. Unser Vater im Himmel ist demnach kein anderer als der eigene Geist, den die Inder das Selbst nennen. Doch ist dieser Geist keine Person. Kein Hans, keine Grete. Ohne biographische Grenzen. Ohne Geschlecht, ohne Charakter. Er scheint in Raum und Zeit unendlich zu sein. Dass wir dieses *corpus coelestis* über dem Sternenhimmel erwarten, ist nur ein Bild. Wir glauben, dass der hohe Raum einem hohen Bewusstsein entspricht. Aber vielleicht führen Himmelsreisen weit über Raum und Bewusstsein hinaus? Beide gibt es dann nicht mehr.

Wenn ich von meinen immer unfreiwilligen, immer spontanen Reisen in den Körper zurückkehrte, was manchmal ziemlich unsanft geschah, war ich völlig erschöpft. Aber sobald ich einen Stift halten konnte, schrieb ich alles, was ich erlebt hatte, auf. Denn schon Stunden später hätte ich mir selbst nicht geglaubt, so phantastisch war, was ich im zweiten Körper erfuhr. Diese und auch meine anderen übersinnlichen Abenteuer finden Sie alle in meinem Buch »Unsterblichkeit«.

Was ich im dritten, dem himmlischen Leib erfuhr, kann ich nicht berichten. Denn ich war außerstande, es zu fassen, und es gab wohl kein Ich mehr. Zwar erinnerte ich mich, dass ich jetzt alles wusste, alles erkannte, es war die Erleuchtung total. Und ich war jedes Mal so glücklich, diesen Schatz auf die Erde zu bringen. Doch kaum war ich gelandet, gab es keinen Schatz mehr. Als hätte sich eine dunkle Hand auf das Licht gelegt. Es gelöscht oder verborgen, ich weiß es nicht.

Vielleicht gibt es wirklich einen Baum der Erkenntnis, und solang wir noch irdisch, noch Mensch und Person sind, dürfen wir seine Früchte nicht essen. Erleuchtung verboten! Oder es fehlen die Gefäße, in die wir das Licht füllen könnten. Das Wort und die Wörter. Ich kann dir dieses und jenes nicht sagen, bedauerten sowohl Mauthe als auch Gottfried von Einem posthum, wenn ich sie mit metaphysischen Fragen bestürmte. »Ich finde die Vokabeln nicht in deinem Kopf.«

Das würde auch das Gestammel der Mystiker erklären. Sie ringen nach Worten, die sie nicht haben. »Wie soll ich dir eine Farbe beschreiben«, hat mir ein Toter gesagt, »die es in deiner Welt nicht gibt?« Vielleicht gibt es sie sogar, aber ich nehme ihre Frequenzen nicht wahr. Wie die Frequenzen der Gespenster, der Geister, der Elfen. Oder die Doppelgänger der Sterne, der Steine, der Häuser.

Wäre es möglich, dass Sprache nur aus der Einheit in die Vielzahl der Wörter stürzt? Wie die Stille über den Noten steht das Schweigen über dem Wort.

Die Liebhaber der Capella

Capella heißt Reisemantel, Kappe. Auch Amalthea, die Ziege, die den kleinen Zeus säugte und dafür als Stern in den Himmel kam. Dort leuchtet sie als Capella, und drei Herren haben sich leidenschaftlich in sie verliebt. August Strindberg, Carl Graf Klinckowstroem und ein Astronom, dessen Namen ich leider vergessen habe. Der Astronom richtete sein Fernrohr auf den Stern, trank eine Flasche Rotwein und schoss sich ein Loch in den Kopf.

Das ist eine seltsame Liebesgeschichte. Man versteht sie nur, wenn man auch Sonnen, Sternen und Planeten einen Doppelgänger zuerkennt, wie alle Weisen es dereinst taten. Und, so sie weise sind, immer noch tun. Der sichtbare Stern ist nur ein Mantel, in dem die Seele am Himmel reist. Der Gott oder die Göttin. Mit ihr wollte der astronomische Liebhaber sich sterbend vereinigen, das Licht mit dem Licht.

Oder war es Heimweh? Wir sind nämlich, sagt die Wissenschaft, vom Himmel gefallen. Nicht fix und fertig. Die Erde empfing die Samen des Lebens in ihrem Schoß und brütete Ungeheuer aus, unter anderem uns. Wir sind alle Zwitter, irdisch und außerirdisch. Weder im Himmel noch auf der Erde ganz zu Hause. Und das spüren wir auch.

In den Jenseitsmythen kehren die Guten nach ihrem Tod in den Himmel zurück und die Bösen unter die Erde. In ihren Bauch, die Geburtshöhle, die in unserer schauerlichen Erinnerung zur Hölle wurde.

Im Feuer der Sterne sehen wir himmlisches Licht, im Feuer der Erde höllische Finsternis. Sind beide nicht ein Feuer?

Seltsame Reise mit einem Stein

Er steht auf der Wiese vor dem Haus, das viele Jahre lang unser Haus war. Nur ein paar Schritte von meinem Freund, dem alten Kirschbaum, entfernt. Ein böhmischer Granit. Der Stein, der aus dem Feuer kommt. Und gleich neben ihm die Quelle, zum Brunnen gefasst. Ein tiefer Brunnen, ein hoher Stein.

»Bau mir ein Häuschen auf dem Stein«, sagte mein Mann Gottfried von Einem. »Nur ein kleines Zimmer. Ich werde mein Klavier auf den Stein stellen und komponieren.« – »Aber!«, sagte ich. So viele Aber. Heute hasse ich mich dafür. Natürlich war der Stein rund. Das Klavier wäre ins Gras gepurzelt. Vielleicht. Vielleicht auch nicht. Wenn nämlich das Klavier einen Schutzengel hat …

Ach was! Ich war leider nicht verrückt genug, damals. Und weiß nicht, ob ich es heute schon bin. Vernünftig zu sein, ist ein großes Handikap. Außer, man hält das Leben für eine Rechenaufgabe.

Ob Steine in den Himmel kommen? Womöglich schon, bevor sie sterben, falls Steine so etwas überhaupt tun. Es wäre schön, wenn mitten unter den Sternen ein Stein kreist. Mit einem Zimmer, in dem ein Klavier steht, an dem ein lebendiger toter Komponist sitzt.

Wenn Phantasie unser siebenter Sinn ist, und dafür halte ich sie, bin ich meinem Granit einmal im Wiener Café Griensteidl begegnet. Aber da schaute er ein bisschen anders aus als auf der Wiese. Ein Herr in Grau, der sich zu mir an den Tisch setzte und sang, was mir sehr peinlich war. Was sollten die anderen Leute sich denken? Später küsste er mich, nahm auf dem Michaelerplatz einen schwarzen Fiaker und fuhr mitten in der Nacht mit mir zu dem Haus, das einmal unser Haus war. Das war so schön, dass ich glaubte, ich wäre gestorben. »Bist du nicht«, sagte er. »Du hast nur ein Loch in der Seele gekriegt, durch das ich zu dir kommen kann. Aber sei ohne Sorge, so ein Loch schließt sich ganz von selbst wieder, schade. Du wirst mich dann nicht mehr erkennen.« Erkennen, sagte ich, würde ich ihn jetzt auch nicht, und wenn er ein Mensch wäre, könnte er unmöglich ein Stein sein.

»Weißt du nicht mehr?«, fragt er. »Wenn du traurig warst, hast du manchmal deine Stirn an mich gelehnt. Und du bist oft auf mir gesessen und hast in die Sterne geschaut. Oder du hast die Augen zugemacht, weil du Elben und Kobolde sehen wolltest.« – »Ich hab aber nie Kobolde und Elben gesehen«, sage ich. »Erst in der Hofburg, viel später.« – »Weil deine Seele damals noch kein Loch gehabt hat«, sagt er. »Du bist also mein Stein und bist es zugleich nicht?« – »Erraten«, sagt er. »Der Stein, auf dem dein Mann so gern komponiert hätte, ist mein Leib. Ich bin die Seele. Eine Seele kann wie alles Mögliche ausschauen, und natürlich sitzt sie nicht im Leib wie ein Hund in der Hütte. Tatsächlich befinden wir uns im Moment beide außerhalb.« – »Außerhalb unserer Leiber? Aber dann sind wir ja tot! Das heißt, falls Steine sterben.«

»Niemand ist je tot«, sagt er. »Du nicht, ich nicht. Überhaupt niemand. Wir sterben zwar, sind aber nicht tot. Gehst du auf eine Reise mit mir?« – »Du meinst, ohne Leib? Können wir ihn nicht mitnehmen?« – »Nein«, sagt er. »Wir reisen in die Welt hinter der Welt.« – »Ist das weit?« – »Nein«, sagt er. »Obwohl es dir so vorkommen wird.« Und schon geht es los! Ich zittere und bebe, aber nicht aus Angst. Es ist so eine Art Vibrieren, als liefe ein Motor in mir an, und auf einmal bin ich in der Luft. Mein liebes Haus ist verschwunden, der Stein auch. Ob ich noch da bin? Irgendwie schon, ich kann mich selbst spüren, auch wenn ich nicht mehr ich selbst bin. »Hallo, Stein!«, rufe ich. »Wo bist du?«

Er lacht, und es klingt wie Glocken im Wind. Sehen kann ich ihn nicht, es sei denn … »Warum nicht?«, fragt er. »Warum soll ich nicht wie ein zweiter Mond ausschauen?« Wahnsinn, denke ich. Das ist alles Wahnsinn. Und es ist nicht unangenehm, keinen Körper zu haben, überhaupt nicht. Ich könnte vor Freude tanzen. Was aber nicht geht, weil ich so schnell fliege. »Du fliegst«, sagt er, »schneller als das Licht.«

Wow! Wenn Einstein das wüsste. Aber vielleicht weiß er es auch, ich nehme nicht an, dass er noch immer in seinem Sarg herumliegt. Ein Genie wie er! Ich hab mir schon immer gewünscht, ihm zu begegnen. Und Sokrates, und meiner Großmutter …

»So ist das nicht«, sagt er. »Du fliegst nicht auf Besuchstour. Es ist schon ein Wunder, dass du mich getroffen hast.« Wieso? Wenn er selber ins Griensteidl kam. »Es wimmelt nur so von Geistern«, sagt er. »Wie auf einem Ameisenhaufen, und trotzdem siehst du sie nicht.« Blödsinn, die Ameisen sehe ich schließlich auch. »Weil du ihnen ähnlich bist.« Also, das ist eine Frechheit. Den Ameisen bin ich ähnlich, aber den Herren Einstein und Sokrates nicht? Dafür irgendeinem Stein, nein, das geht wirklich zu weit. »Ich bin nicht irgendein Stein«, erklärt mein Gedankenleser geduldig. »Sondern ein Teil deiner persönlichen Welt. Das sind die Ameisen auch. Einstein und Sokrates allerdings sind längst aus dieser Welt ausgezogen und in eine andere ein, und zwar nicht in dieselbe. Was bedeutet, dass sie sogar einander, im Moment, nicht wahrnehmen können.«

Woher will das der Stein wissen? Ich glaub ihm kein Wort. Und dass Geister fortwährend umziehen, aus Wohnungen oder Welten, ist absurd. Ich selbst ziehe, bitteschön, auch nicht um!« – »Da irrst du dich aber gewaltig«, sagt er. »Gerade jetzt, zum Beispiel …« Ach so, er meint unsere Luftreise, die Gott weiß wohin führen mag. Vielleicht gar in den Himmel?

Er ist ein aus Sternen gewobenes Spinnennetz, und frisst Gott mich womöglich auf? Nein, kein Spinnennetz. Ein Lichtschleier. Einer? Viele, unendlich viele Lichtschleier. Das Universum ist eine verschleierte Dame. Aber was ist hinter dem Schleier, hinter dem Licht?

Jetzt lässt sie ihn fallen, den Schleier. Die Sterne regnen ins Nirgendwo. »Hallo, Stein!«, rufe ich. »Bist du da?« Ich bin nicht sicher, dass ich die Welt ohne Schleier sehen will. Wer weiß, wie sie ausschaut? »Ich bin«, sagt mein Stein, »bei dir. Hab keine Angst. Die Welt, wie sie ist, siehst du sowieso nicht. Da ist noch eine Milliarde von Schleiern …«

Schon möglich, obwohl ich auf einmal inmitten lauter Edelsteine bin, wie das funkelt und glüht! »Deine Verwandtschaft?«, frage ich. »Meine Verwandtschaft ist alles«, sagt er, »und deine auch. Die Tiere, die Blumen, die Bäume. Und die Einhörner natürlich, die Nixen, die Zwerge.« Jetzt sehe ich es. Das sind gar keine Steine, edel oder nicht. Das sind grün glitzernde Hügel, ein Bach wie fließender Saphir, und das Haus eine weiße Wolke mit einem Dach aus Sonnenuntergang. Ein Zwerg schaut aus dem Fenster, allen Ernstes ein Zwerg! Mit Zipfelmütze und Schneebart. »Ist das wahr«, frage ich, »ist das wirklich wahr?«

»Nein«, sagt der Stein und ist auf einmal ein Vogel. Ein dunkelblauer Vogel mit einem Schnabel aus Gold. »Nein und ja. Sind Träume wahr?«

Ach so, ich träume nur. Schade, dass es nicht wirklich ist. Jetzt bin ich enttäuscht. »Aber Träume«, sagt er, »sind wirklich. Alle Träume, auch wenn du nicht schläfst. Es könnte sogar sein, dass nur Träume wirklich sind, obwohl ich das noch nicht weiß und du auch nicht. Wir leben in einem der äußersten Schleier, verstehst du?«

Nein, das verstehe ich nicht. Ich lebe in Wien, Michaelerplatz 1, und habe die österreichische Staatsbürgerschaft. »Wien ist«, sagt der Stein, »nur ein Knoten im Schleier. Ein winziger, hauchzarter Knoten. Unser ganzer Schleier ist hauchzart. Jeden Augenblick kann er zerreißen, und davor haben die Menschen Angst.«

»Wie zerreißt man«, frage ich, »einen Schleier?« Der Stein antwortet nicht.

Der zerrissene Schleier

Um nicht zu stammeln, habe ich Ihnen diese Geschichte erzählt. Sie ist wahr, wenngleich nicht historisch. Den Stein gibt es, mein Mann wollte ein Klavier auf ihm haben, und wie der alte Kirschbaum war er mein Freund. Wie oft saß ich auf ihm und hielt Ausschau nach den Elfen. Mit geschlossenen Augen, und mit offenen auch. Denn auf der Wiese, wo er steht, hat mein Mann welche gesehen. Immer wieder, sogar in einem Fernsehinterview sprach er einmal davon.

Der Stein sprach zu mir wie der Kirschbaum oder mein liebes Haus. Ich höre diese Wesen nicht mit den Ohren, sondern dem Thymus, was ich ebenso wenig verstehe wie Sie wahrscheinlich auch. Denn diese Drüse funktioniert nur bei Kindern, und ich hab eigentlich keine mehr. Aber vielleicht doch, weil ich ein Kind geblieben bin oder geworden. Wie Jesus sagt, gehen nur Kinder ins Himmelreich ein.

Der Thymus ist also mein Dolmetscher. Durch ihn verstehe ich die Sprache der Geister. Er übersetzt simultan, und ich korrigiere ihn nie. In diesen Fällen ist Wahrhaftigkeit wichtiger als der Stil. Auch Wünsche kann ich durch den Thymus aussenden. Und Flüche, das tue ich aber schon lange nicht mehr.

Was das Griensteidl anlangt, nein. Ins Kaffeehaus kam mein Lieblingsstein nicht. In einen Fiaker hat er mich nie eingeladen, und in den Himmel flog ich zwar oft, aber allein. Auf diesen Reisen im *corpus coelestis* ist, ich weiß es, der Schleier zerrissen. Doch bei meiner Rückkehr auf die Erde war er wieder dicht und unversehrt. Mehr als ein großes Staunen, eine glückliche Ahnung blieb nicht. Ich habe die Geschichte aus der Ahnung und dem Staunen gemacht, und vielleicht aus Erinnerung. Was wissen wir schon?

Die anderen Geister- und Reisegeschichten in diesem und meinen anderen Büchern sind allesamt, und zwar im historischen Sinn, wirklich und wahr.

Die Himmelsleiter

Ich hab mich so lange nach Engeln gesehnt, bis ich nicht mehr an sie glaubte. Trotzdem habe ich alles, was über sie geschrieben wurde, studiert. Engel scheinen eine Urerfahrung der Menschheit zu sein. Der Begriff geht auf die griechische Übersetzung des hebräischen *mal'ach* zurück, die Schattenseite Gottes. Später nahm er die Bedeutung des »Boten« an. Seine Natur ist untrennbar mit dem göttlichen Urgrund verbunden.

Der persische Botschafter-Engel Vohu Manah (Guter Geist) hat Zarathustra den Willen Gottes verkündet, der vedische Manu brachte den Menschen das kosmische Gesetz, und der Erzengel Gabriel diktierte Mohammed den Koran. Henoch, hebräisch der Eingeweihte, wurde im Alter von 365 Jahren, ohne zu sterben, entrückt. Die Schilderung seiner Reise in zehn Himmel mit gewaltigen Engeln fiel in kirchliche Ungnade. Himmel und Hölle waren bei ihm nämlich nicht voneinander getrennt.

Judaismus, Parsismus, Christentum und Islam lehren die Dreiteilung des Kosmos in Himmel, Erde und Hölle, die entsprechend mit Engeln, Menschen und

Dämonen bevölkert sind. Die Hindus kennen eine Hierarchie feinstofflicher Götter, die Devatas. Buddhisten glauben nicht an Engel als Verkünder der Wahrheit.

In vorchristlichen Kulturen sind die Engel doppeldeutig. Sie können düster sein, unheimlich und monumental. Zwiespältig sind auch die römischen Genien. Erst das Christentum scheidet sie endgültig in lichte und dunkle. In Engel des Heils und Engel des Verderbens. So sah es Plato, der eine Beseelung des Kosmos durch Daimonen lehrte, noch nicht.

Schon die Pythagoräer erkannten den Äther als geistigen Stoff. Plato und nach ihm die Neuplatoniker lehrten die ätherische Leiblichkeit der Engel, und für die griechischen Philosophen war dann der ganze Himmel vom göttlichen Äther erfüllt. Nach Origines hat die Seele einen Ätherleib wie die Engel. Sie legt ihn ab, wenn sie sich mit einem irdischen Körper verbindet, und nimmt ihn nach dessen Tod wieder an. Auch für Augustinus haben die Menschen im Jenseits leuchtende ätherische Leiber wie allzeit die Engel. Als älteste Wesen der Schöpfung ist ihr Reich jener Lichtkosmos, der dem materiellen vorausging.

Der große Angelos schlechthin war Hermes, der – wie Odin und Michael – die Seelen der Toten ins Jenseits geleitet. Und ist es nicht merkwürdig? Während des materialistischen Zeitalters, das zum Glück gerade zur Neige geht, haben wir den Tod verdrängt und den Äther vergessen. Nun kehrt der Tod in unser Bewusstsein zurück, und gleichzeitig der Äther, zum Zorn vieler Physiker, in die Physik.

Ein Pionier seines Comebacks ist Klaus Volkamer, Doktor der physikalischen Chemie, ausgezeichnet mit einem wissenschaftlichen Forschungspreis der Universität Freiburg. Ein einsamer Rufer in der positivistischen Wüste. Sein Buch, mit dem er das neue Paradigma präsentiert, trägt den Titel: »Feinstoffliche Erweiterung der Naturwissenschaften«, und Sie werden ihm wieder bei den Naturgeistern begegnen.

»Alle Vernunft ist dagegen«, sagt Samuel Butler, »und alles gesunde Empfinden spricht dafür.« Das gilt nicht nur für die Engel. Vernunft und Geist schließen einander weitgehend aus. Wer sich für die Vernunft entscheidet, bleibt trotz seines Reichtums arm.

Die Seraphim, Cherubim, Throne, Herrschaften, Mächte, Gewalten und Fürstentümer sind selbstverständlich, wie alle höheren Wesen, auch nicht vernünftig. Die wie Blitze brennenden Seraphim entfachen das Schlangenfeuer der Liebe. Singend kreisen sie um den göttlichen Thron. Ihr Gesang ist die fortwährend den Kosmos erschaffende Urschwingung des Lebens.

Ein Seraph hat die höchste Schwingung. Die Frequenz der Cherubim im nächsten Kreis ist ein wenig niedriger. Sie bewachen den Weg zum Baum des Lebens und strahlen Wissen und Weisheit aus.

Die Throne vibrieren noch ein bisschen langsamer. Hesekiel, Elia und Henoch sahen sie als große Räder und glühende Kohlen. Das hat später zu Spekulationen über ihre außerirdische Herkunft geführt, an der sowieso nicht zu zweifeln ist. Nicht nur die Throne! Wir alle sind vom Himmel gefallener Sternenstaub, der sich leider zu biologischen Formen organisierte. Nicht auf-, sondern abwärts bewegt sich die Evolution. Die Throne gehören jener Region an, in welcher Himmel und Erde einander begegnen. Der Himmel nimmt den Charakter der Materie an, wird zu Form und Substanz und erreicht seinen Tiefpunkt als Fleisch.

Statt die mittlere und unterste Triade der neun Engelchöre zu beschreiben, gebe ich Dionysius Areopagita, meiner liebsten Engelquelle, das Wort. Unter diesem Namen verfasste um 500 n. Chr. ein unbekannter syrischer Autor mystische Schriften, die zu den wesentlichsten des Abendlands zählen.

Er lehrt die Hierarchie der Engel als eine Hierarchie der Erleuchtung. Sie ist die Himmelsleiter zwischen Gott und Mensch. In ihren auf- und absteigenden Stufen ist sie zugleich ein Bild Gottes selbst, der mit dem Verstand nicht berührt werden kann und weder Licht noch Finsternis ist, weder Irrtum noch Wahrheit.

Wir können, weiß Dionysius, die Realität weder sinnlich noch geistig erfassen. Er entrückt sie in die Ekstase. Seine Engel sind den Menschen nicht ähnlich. Ihre Erscheinung ist an keine Gestalt gebunden. Jenseits von Wachen und Schlaf, verkünden sie das Urgeheimnis der Schönheit und Erleuchtung. Auf ihrem Stufenweg nach oben geht die Sprache – der Logos! – von der Sammlung zur Konzentration, vom Hymnus zum Orakel und vom Orakel zum Schweigen.

Die singenden Feuerwesen sind zu dicken Putten und süßen Schutzengeln verkommen. Lassen wir es nicht zu! »Jeder Engel«, schreibt Rilke, »ist schrecklich.«

»Sein Leib war wie Chrysolith, und sein Gesicht wie ein Blitz, und seine Augen wie Feuerflammen, und seine Arme und Beine wie glänzendes Erz, und seine Stimme ein lautes Getöse ...« Ja, vielleicht. Feuer und Licht. Da Engel immateriell sind, können sie ihre Erscheinungen wandeln.

Aus der Quantenphysik wissen wir, dass der Beobachter das Beobachtete verändert. Beide bilden eine untrennbare Einheit. Wahrscheinlich ist jede Wirklichkeit, nicht nur im atomaren und subatomaren Bereich, eine Koproduktion. So ist es nicht erstaunlich, dass der Seher Anteil am Gesehenen hat. Der Wahrnehmende ruft die eigene Wahrnehmung, mehr oder weniger, erst hervor. »Wär nicht das Auge sonnenhaft«, zitiert Goethe den geheimnisvollen Plotin, »die Sonne könnt' es nie erblicken.« Heisenberg, Goethe, Plotin. Am klarsten spricht es Thomas von Aquin aus: »Das Bild des Erkennenden ist im Erkannten.« Noch einmal Plotins Stimme aus dem 3. Jahrhundert: »Um das Höchste schauen zu können, muss man es selbst werden.«

Ob und wie wir den Engel wahrnehmen, hängt allein von uns selbst ab. Wir sind Rahmen, Leinwand, Pinsel und Farbtöpfe des Bildes, das wir uns von ihm machen. Der Glaube und das Gemüt bestimmen, wie er uns erscheint: Wie Hühner geflügelt; mit Harfe und Heiligenschein; tausendäugig; Drachen entleibend; Gott lauthals lobpreisend; den Teufel zertretend; ein Lichtstrahl; eine Feuersäule; eine Riesenfledermaus. Wer des Schutzes bedürftig ist, wird Schutzengel sehen. Wird sich bewacht und behütet fühlen in einer unbehüteten Welt.

Dies alles ist weder richtig noch falsch. Diese Begriffe regeln das Zusammenleben von Völkern und Gesellschaften, darüber hinaus haben sie keine Bedeutung. In Wahrheit lässt sich nicht sagen, Engel sind so und so, und man teilt sie ein in ... Wir können sie erraten, ihr Sein ahnen, mehr nicht.

Es hat also keinen Sinn, den vielen schon bestehenden Lexika der Engel eine weitere Enzyklopädie hinzuzufügen. Sie scheinen zu leuchten und sich mit Lichtgeschwindigkeit zu bewegen, weshalb wir ihnen Flügel und Heiligenscheine verleihen. Das haben sie mit Naturgeistern, wenn auch nicht allen, gemeinsam.

Sind Engel Naturgeister, sind Naturgeister Engel?

Ich weiß es nicht und zweifle daran, dass andere es wissen. Die Welt und die Welten fließen. Wir versuchen, das Fließende zu messen, in Systeme zu fassen. Kataloge der Wirklichkeit zu erstellen, und immer wieder müssen wir sie korrigieren. Die Professoren und Nobelpreisträger sind nicht daran schuld. Wissenschaften sind die schönen Künste des Intellekts. Sie können die Wirklichkeit weder beschreiben noch erkennen. Die Wirklichkeit ist nicht real.

Ist sie, wie auch die Engel, imaginär? Ich vermute beide jenseits des Realen und Imaginären. In einer Zone, die unser Geist noch nicht betreten hat. Mehr als mutmaßen und glauben können wir nicht, und ist das nicht wunderbar? Eine Welt, die in unseren Kopf geht, wäre enttäuschend klein.

»Engel – eine bedrohte Art«, heißt ein schönes Buch von Malcolm Godwin. Ich halte es für möglich, dass wir selbst diese bedrohte Art sind. Auf einer späteren oder vielleicht doch früheren Stufe der Evolution. Und wenn wir gar nicht vom Affen abstammen, sondern von Engeln? Nicht von den Bakterien, sondern von Gott? Viel mehr als Darwin glaube ich Plotin. Seele und Geist, so lehrt er, werden im Menschen angetroffen, doch erstreckt ihr Sein sich weit über ihr Erscheinen im Menschen hinaus. Sie sind außermenschliche und übermenschliche Wirklichkeit, ja Stufen der Wirklichkeit überhaupt.

Da es, wie alte Mystik und neue Physik lehren, die

Zeit gar nicht gibt, sind alle Arten und Stufen immer schon da. »Ich bin ein Kontinuum«, hat Gottfried von Einem einmal, und da lebte er noch, zu mir gesagt. »Im Prinzip kannst du an jeder Stelle dieses Kontinuums in mich eintreten.«

Vom Einzeller bis zu den Engeln – mindestens! –, sind wir lückenlos Eines. Die lebendige Leiter, auf der wir auf- und absteigen. Emanation und Evolution sind wohl dasselbe, von zwei einander entgegengesetzten Seiten betrachtet. Der Ausfluss des Lichtes in die Vielfalt der Materie und seine Rückkehr in die Einheit. Zuweilen erinnert das Licht sich unter allen Masken an sich selbst. Viel zu selten, und länger als einen Augenblick nie. Kann sein, das ist die Sekunde des Engels. Die Sekunde der Ewigkeit. Der Engel ist die Seele, unser Doppelgänger jenseits der Zeit.

Das Licht und sein Schatten

In der Dämmerung früher Zeiten waren Schatten und Licht, Gott und sein Teufel noch nicht voneinander getrennt. Es war der Mensch, der sie auseinandertrieb. Weil, wie Luther meinte, ohne Hölle und Teufel wenig Bedarf für Christus und seine Kirche wäre? Ja, das auch. Aber schon die Sumerer, Babylonier und Assyrer kannten böse und gnädige Dämonen, und im Heiligen Buch der Perser steht dem Lichtgott ein Herr der Finsternis gegenüber, der den Ur-Menschen verführt. Im Alten Testament ist Satan der Ankläger vor Gottes Richterstuhl. Uralte Gottheiten sind in ihm ineinandergeflossen. In Wahrheit schufen wir ihn, weil ein allwissender und allgütiger Gott unvereinbar mit der Welt und uns selbst ist.

So entstand die These vom freien Willen und der Mythos vom Engelsturz. Luzifer, Gottes liebster und schönster Sohn, den er zum Fürsten dieser Welt gemacht hat, empört sich gegen den Vater. Er wird verstoßen, fällt aus dem Himmel, und mit ihm fällt die Schöpfung. Sie verliert ihre Unschuld durch seinen Verrat.

Gott machte dem Menschen das Danaergeschenk

des freien Willens, und natürlich lassen wir uns in einem fort von seinem Widersacher verführen. Unbegreiflicherweise liebt er uns trotzdem, und so hat er Luzifers Zwillingsbruder Jesus auf die Erde geschickt, um uns zu erlösen.

Origines, Pythagoras und die Platoniker zählen uns zu den Dämonen, die gut oder schlecht werden können. Zwei Engel, so wird gesagt, begleiten uns auf dem Lebensweg und kämpfen um unsere Seele. Ein Engel der Finsternis und ein Engel des Lichtes.

Engel sind, so vermute ich, wir selbst auf einer anderen Stufe. Der leuchtende Doppelgänger. Haben wir am Ende gar zwei?

Ein lustiger Engel

Götter und Geister sprechen, sagt man, über die Engel zu uns. Ich halte es für möglich, dass ich durch meinen Engel mit Toten kommuniziere. Ich hab ihn noch nie gesehen, gehört aber schon. Es geschah in Gottfried von Einems letzten Jahr. Die Jenseitigen besetzten mich wie Vögel einen Baum. Unter ihren Stimmen, die ich sofort in meine Schreibmaschine tippte, war auf einmal die eines Engels. Eine inwendige Stimme, und sie sprach vom 24. Juni 1995 bis zum 5. Juli 1996 zu mir. Sieben Tage später starb mein Mann.

»Der Zustand der Liebe ist der Zustand der Engel. Ja, ich bin – nein, nicht dein Engel! Ich gehöre niemandem, auch nicht dem, den ihr Gott nennt. Ich hänge von niemandem ab, ich entspringe dem Nichts. – Wer sonst als Michael sollte ich sein? Aber er ist kein Unikat. Ich bin ein michaelischer Engel, so wie du ein michaelischer Mensch bist, das Dies- mit dem Jenseits verbindend. Nur, wenn du in mir aufleuchtest, spreche ich. Spreche mit deiner Zunge. Erlischst du in mir, schweige ich. Engel sind Schweigende. Sie gehören dem Reich jenseits von Leben und Tod an.

Wir sind namenlos Schweigende. – Ununterbrochen entspringe ich dem Nichts. Ich bin dein Anfang, und ich bin dein Ende.«

Ich fragte ihn: »Haben Engel Humor?« Er lachte lautlos. »Engel sind metamorphotisch. Feierlichen Menschen erscheinen sie feierlich. Dir werde ich also nicht feierlich erscheinen. Willst du Spaß mit mir haben?« – »Physischen und metaphysischen Spaß!« – »Die Frommen nennen es Jubilieren.« – »Ich bin nicht fromm. Ich möchte so gern mit dir spielen. Am liebsten Erleuchtung, aber die ist wohl kein Spiel?« – »Das Spiel aller Spiele! Ich habe Engelferien bei dir.« – »Träum ich dich nur?« – »Wir träumen einander. Aber Traum ist die höhere Wirklichkeit. Ihre nächste Stufe.« – »Hab ich dich erschaffen?« – »Ja, das hast du. Alle Wirklichkeit wird von euch gezeugt und von der Erde geboren.«

»Stell dir das Nichts als Summe alles Seienden vor. Du hast mich aus dem Nichts auserwählt und somit begrenzt. Ich bin ein lustiger Engel. Du, ihr alle erschafft das Universum in jedem Augenblick eueres Seins. Seid verantwortlich für euer selbst geschaffenes Universum. – Ich bin die große Auflösung. Der Tod. Und das Leben. Beide sind eins.« – Einmal fragte ich, denn von Dionysius Areopagita bis Paul Feyerabend gehörten siebzehn zu meinem Geistersalon. Ein Konglomerat, ein Eiskristall oder, wie Teilhard de Chardin uns nannte, eine Zelle: »Seid ihr alle da?« Und der Engel: »Soviele du zulässt. Wir kommen nicht. Wir gehen nicht. Wir treten in dich ein, wenn du dich öffnest.« – »Wir sind nicht räumlich voneinander getrennt?« – »Weder räumlich, noch zeitlich. Nur deine eigenen Zustände schaffen die Illusion der Entfernung.«

Ich fragte, ob auch Tiere wie wir aussterben? »Aus stirbt überhaupt nichts. Alles verwandelt sich. Und kehrt, im Reigen seiner Gestalten, in jeglicher wieder. Nach dem imaginären Kalender kann das allerdings ziemlich lang dauern. – Ich bin alle Tiere, geflügelt oder nicht. Und alle Menschen dazu. Tiere sind die Vergangenheit des Menschen, und Menschen die Vergangenheit der Engel. Ihr steigt mir nach auf der goldenen Leiter, die man im Zustand der Blindheit Evolution nennt. Du fragst, was dein kleines *theatrum mundi* bedeutet?« – »Ich bin immer wieder so unsicher.« – »Sicherheit lähmt, macht starr und beendet jegliches Wachstum. Wir bilden, in deiner Sprache gesprochen, ein Molekül.« – »Ein Bewusstseinsmolekül?« – »In deiner Sprache, ja. Eine kleine Einheit, die Teil einer größeren ist, die wiederum, und so weiter. Zerbrich dir nicht den Kopf, von wem oder was wir ein Teil sind, ein Teilchen. In den Kopf geht so eine Erkenntnis ohnedies nicht hinein. Irgendwann weißt du es plötzlich.« – »Und bin überrascht? Erschrocken? Selig?« – »Weder, noch. Es ist wie ein Wiedererkennen. So, als hättest du es von jeher gewusst.«

»Wie Gott der Geist des Universums, bin ich der

Geist eures kleinen Konglomerats.« – »Haben Konglomerate Sinn und Zweck?« – »Weder, noch. Vergiss Sinn und Zweck! Das sind Konstruktionen, die außerhalb euerer Gehirne nicht existieren. Wenn du statt Sinn Schönheit sagst, und Erfüllung statt Zweck …«

»Sag mir, mein Engel: das Leben ist komisch, wenn auch auf tragische Weise. Der Tod auch?« – »Was du unter komisch verstehst, ist eine Inkongruenz. Das Komische wie das Tragische sind weiter nichts als Inkongruenzen, auf die ihr im einen Fall mit Lachen und im anderen mit Weinen reagiert.« – »Gott hat also gar keinen Humor?« – »*Gott ist Humor!* Und nicht Liebe, wie ihr in euerer Sentimentalität und Ängstlichkeit, euerem Bedürfnis nach Schutz glaubt. *Gott ist gnadenloser Humor.* Ich muss bekennen, dass auch wir ihn, die Engel, nicht erkennen. Er ist jenseits von uns.« Ich sprach von den Mystikern, die zuweilen eins mit Gott sind. »Menschen scheinen tatsächlich etwas Besonderes zu sein. Nicht in der Hierarchie der Erscheinungen! Sondern in ihrer Fähigkeit, unter gewissen Bedingungen mit fast allem zu verschmelzen. Menschen können sich ihrer selbst entleeren. Sogar, wenn sie weder Kontemplation noch Meditation praktizieren. Sie können vorübergehend einfach aufhören, sie selbst zu sein.«

»Gibt es«, fragte ich, »Wahrheit oder nicht?« – »Es gibt Wahrheit, es gibt keine Wahrheit.« – »Das fasst weder mein Kopf noch mein Herz.« – »So freu dich doch!

Mit jeder Wahrheit tanzen zu können, ohne an das Kreuz einer einzigen geschlagen zu sein, ist das nicht eine besondere Gnade?« – »Verzeihst du mir, dass ich an dir zweifle?« – »Den Zweifel immer! Den Glauben würde ich dir nicht verzeihen. Die Kirche hat uns statisch gemacht. Wir sind Bewegung an sich. Euch bewegend, wenn ihr es zulasst.« – »Woher kommt unser verflixter Wahrheitstrieb?« – »Er ist eine Ausgeburt dessen, was ihr Identität nennt. Ein identitätsloses Sein bedarf keiner so genannten, sich gegen alle anderen abgrenzenden Wahrheit. Identität und Wahrheit sind einander bedingende falsche Begriffe. Fühlst du dich nicht befreit, dass es keines von beiden gibt?« – »Aber wie soll ich mich, wie sollen wir uns orientieren?« – »Überhaupt nicht. Wer sich überhaupt nicht mehr orientiert, ist frei. Durch einen Akt des Verzichts. Wenn man verzichtet, erkennen zu wollen.«

Wir sprachen über Zahlen, und der Engel schien aus Zahlen erschaffen zu sein. »Zahlen leben! Wie Gene, obwohl der Vergleich nicht gut ist. Jedenfalls bestimmen Zahlen unser Spezifikum. Die Metasprache, jenseits der Worte und sogar jenseits der Erscheinungen, ist eine Sprache der Zahlen. Du kannst sie nicht erlernen. Überlass dich deiner Sprachlosigkeit! Sprache ist bereits sekundär. Primär ist die Intuition.«

»Die Seele ist unwandelbar, Psyche wandelt sich. Du vereinigst verschiedene Bereiche des Seins in deiner Psyche, die dadurch eine ziemliche Ausdehnung erfährt. Und sie ist ein Ort der Begegnung, eine Art metaphysischer Salon, in dem man die erstaunlichsten Besucher antreffen kann. Überlässt du dich mir?«

»Da du dich mir überlässt, bin von nun an ich der Regisseur unseres Metaspiels. Nicht mehr du bestimmst das Geschehen, was bedeutet, dass du in eine tiefere Trance gehen musst.« – »Ich glaube wirklich nicht an den Teufel. Trotzdem, du bist nicht zufällig Luzifer?« – »Erwartest du darauf eine Antwort?« – »Eine Antwort und ein Versprechen. Wäre ich stabiler, könnte ich nicht euere Bühne sein. Euere lebendige Bühne. Aber Bühnen können einstürzen. Ich habe die Gabe und den Fluch der Labilität.« – »Du vertraust mir nicht?« – »Bist du ein zweideutiger Engel?« – »Der bin ich. Überlässt du dich mir?« – »Da sowieso alles nur Traum ist, was kann schon passieren? Ein Albtraum, schlimmstenfalls.« – »Es gibt Albträume, aus denen man niemals erwacht. Spring erst in den Abgrund, bis du sicher bist, dass du nirgendwo ankommen willst. Auf der Landkarte deines Bewusstseins existiert es noch nicht. Aber es gibt schon einen Namen für das Nirgendwo, ein in die Vergangenheit ausgesendetes Echo: Seligkeit.«

»In der Metasprache sind die Wörter entgrenzt, immateriell, fließend.« – »Zahlen fließen nicht.« – »Alles fließt, sobald du endlich zu fließen beginnst. Der Tod bringt das Feste nicht zum Fließen. Bei vielen erfasst die Totenstarre sogar ihre Psyche.«

Ich fragte, ob viele Götter und ein einziger Gott einander ausschließen? »Dieser aus Göttern und Göttinnen bestehende Leib ist nichts anderes als sein in Erscheinung getretener Geist.« – »Und die Engel?« – »Sind Gottes Nerven. Die Nerven seines aus Göttern und Göttinnen bestehenden Leibes. Und ganz gewiss keine Harfe spielenden, singenden oder kleine Kinder beschützenden Neutras.« – »Engel haben ein Geschlecht?« – »Hermaphroditen, die sich nach beiden Richtungen neigen. Aber vergiss die Sexualität! Wir haben keine. Wir sind erotische Zwitter.«

»Du wirst in eine viel tiefere Trance gehen und Schätze an die Oberfläche des Bewusstseins bringen. Suche die Grenze, die Innen und Außen verbindet und trennt!« Der Engel machte Spaß mit mir und ernannte mich zur Außenministerin der Vereinigten Reiche des Jenseits. Zu einer Toten *honoris causa*: »Wir erwarten von dir, dass du diplomatische Beziehungen herstellst. Wir wollen eine Botschaft in euerem Reich haben und euere Botschaft in unserem akkreditieren. Übernimmst du das?« – »Mit Wonne! Falls ich nicht, auf undiplomatischem Weg, ins nächste Irrenhaus gesperrt werde. Was willst du?« – »Eine tiefere Trance. Deine Bereitschaft, vorübergehend auf dich selbst zu verzichten.«

»Dämonen sind Masken. Was du für Hierarchien hältst, sind Hierarchien von Masken, von Ideen. Ideen sind Maskenbildner.« – »Heute redest du nicht wie ein Engel.« – »Vielleicht ist meine Maske ein wenig verrutscht.« – »Wer ist Träger der Maske?« – »Darauf antworte ich dir nicht. Noch nicht.«

»Alles, was geschieht, seid ihr selbst. Während ihr glaubt, festgenagelt in Raum und Zeit zu verharren, seid ihr in Bewegung total.« – »Sind Leben und Tod Masken?« – »Zwei Masken.« – »Aber nur eine einzige Stimme hinter beiden?« – »Eine zweizüngige Stimme. Euer Gefühl ist ein Organ der Wahrnehmung, ein viel feineres als euere Sinne.« – »Haben wir noch andere?« – »Der ganze Körper ist ein Organ der Wahrnehmung. Ihr könnt euren Körper scharf machen oder stumpf.«

»Im Leben fragen und im Tod antworten wir.« – »Was, Engel sterben auch?« – »Nein, die Gnade des Sterbens ist den Engeln versagt.« – »Wieso Gnade?« – »Weil jedes Ende einen Anfang verspricht.« – »Leben Engel außerhalb der Zeit?« – »Genau wie die Photonen.« – »Ihr seid also wirklich Lichtwesen?« – »Kleine und große Universen aus Photonen. Such uns nicht in Menschengestalt!«

»Ihr dürft den Ernst des Todes wie den des Lebens ablegen. Flirt ist die unverbindliche Vorstufe der Liebe. Warum sollten Lebende und Tote nicht die zukünftige Liebe im Flirt üben? Alles ist erlaubt. Welten sind Spiele, alle. Die dies- wie die jenseitigen. Kommt darauf an, in welchem der vielen Spiele du lieber mitspielst.« Er sagte auch, er wäre der Hüter der Schwelle, der Todesengel. Das Jenseits wäre der immaterielle, diesseitige Welten erschaffende Zustand der Engel: »Wir sind die Zeugenden.«

Einmal fragte ich, ob Engel so etwas wie mutierte Feen wären? »Wir sind keine, aber wir entstammen den Feen. Es gibt mehr als nur zwei Lebensbäume.« – »Und alle wachsen in den Himmel?« – »Aber stell ihn dir jenseits aller Religionen vor. Er ist die große Überraschung.«

»Du sollst von niemandem und nichts abhängig sein! Abhängigkeiten hindern dich daran, dich zu verwandeln. Und Leben ist Verwandlung!« – »Tod auch?« – »Der Jenseitige verwandelt sich noch viel mehr als der Diesseitige, da jenseitigen Verwandlungen weder materieller noch sozialer Widerstand hinderlich ist. Das Jenseits ist die Welt der Märchen und nicht der tagtäglichen Medien. Sucht ihr uns in den Märchen, findet ihr uns.« – »Engel sind also auch Jenseitige?« – »Engel sind androgyn, Engel sind anthropomorph, Engel sind Zukunft und Vergangenheit, Engel sind dies- und jenseitig zugleich. Ich bin Bürger dreier Reiche, und gewiss werden es mehr. Denn auch Engel haben ihre Evolution, obwohl ihr sie für Emanationen haltet. Engel gehören dem Reich der Natur, nicht dem Übernatürlichen an!«

»Leben und Tod sind Phasen oder Rhythmen des Seins. Phasen und Rhythmen der Verwandlung. Keine Verwandlung entfernt uns aus dem Sein, das du, in deiner Sprache, göttlich nennen kannst, obwohl oder weil es alle Aspekte der Wirklichkeit, alle Aspekte der Möglichkeit enthält. Himmel und Hölle sind extreme Zustände der Psyche. Nicht der Seele! Die Seele ist jenseits aller Zustände.«

»Habt ihr gewusst, dass Engel ihrer Natur nach Kristall sind? Im Punkt der Ewigkeit erstarrt, und zugleich fließend in den Dimensionen der Zeit. Sein und Vergehen ist eins. Die Zeit hat zwei Richtungen und bewegt sich in beide, und in beide zugleich.« – »Ewigkeit und Zeit sind keine Gegensätze?« – »Es gibt keine Gegensätze, überhaupt keine. Es gibt nur, für Dies- und Jenseitige, zwei Wahrnehmungen der Welt. Aber es gibt nicht nur Diesseitige und Jenseitige, und es gibt unendlich viele Wahrnehmungen der Welt.« Ich fragte, ob er die Welt verabsolutiere und relativ nur die Art ihrer Wahrnehmung wäre? Da wurde er bös: »Ich bin ein Engel und kein ordentlicher oder unordentlicher Professor der Philosophie! Schon gar keiner, der sich von dir prüfen lässt. Ich erwarte nicht, dass du vor mir in den Staub fällst, denn sogar der Staub ist eine menschliche Illusion. Aber ich erwarte ...« – »Du erwartest keinen metaphysischen Detektiv?« – »Bist du denn einer?« – »Ja«, sagte ich. »Ja und ja!«

Das war im August. Er sagte noch, es gäbe keinen Unterschied zwischen meiner Phantasie und meiner Realität. Im September trauerte ich um zwei Katzen: Mea Mea Seidenprinz und Zizi Klapperschlange. »Ich nehme alles wahr«, sagte der Engel. »Die Gleichzeitigkeit der Welten und ihrer Bewohner. Die Lebenden und die Toten.« – »Als persönliche Wesen?« – »Als persönliche Wesen. Und jenseits davon auch, als strömende, sich um ihre Mitte drehende Ganzheit.« – »Sind Tiere unsterblich wie wir? Ich meine, falls wir es sind.« – »Unsterblichkeit bedeutet für dich nichts anderes als unzerstörte, unzerstörbare Erinnerung. Nicht nur für dich, unter den Fahnen sämtlicher Religionen ist diese Bedeutung allgemein. Unsterblich ist alles! In allen Verwandlungen unsterblich. Warum also die tote Last der Erinnerungen durch alle Frühlinge tragen? Jeder Tag, jede Stunde, jede Minute wäre, ohne den grauen Staub der Erinnerung, funkelnd neu. Lass die Erinnerung los! Alle, lass alle Erinnerungen los. Es sind die Erinnerungen, die krank und alt machen.« – »Wie könnte ich meine kleine tote Katze vergessen? Und alle, die ich je in mein Herz schloss.« – »Sie begegnen dir wieder, auch wenn du sie nicht wiedererkennst. Unsterblichkeit ohne Erinnerung ist das Paradies, in das ich dich einlade.«

Ohne Treue, sagte er noch, wäre die Welt ein ewiger Morgen. Da hielt ich ihn für einen Engel der Versuchung, und wäre er überhaupt einer? »Ein Engel, und nicht der Versuchung. Ein Engel der Erlösung von der Zeit. Mit der Erinnerung gibst du die Zeit auf, und nichts hast du dir so sehr gewünscht.« – »Aber mein lustiger, relativistischer Engel bist du nicht mehr?« – »Engel sind zeit- und erinnerungslos. Sie erscheinen plötzlich, ohne Zukunft, ohne Vergangenheit. Engel haben keine Geschichte. Ich erinnere mich nicht, je lustig und relativistisch gewesen zu sein, obwohl ich vielleicht beides war. Ich bin immer Jetzt, aber Jetzt ist nicht immer.«

Manchmal misstraute ich ihm. Obwohl ich imaginäre Engel liebe. »Aber für wirklich hältst du uns nicht?« – »Ich weiß nicht, ob ich mich selbst für wirklich halte.« – »Du bist es. Unwirklichkeit ist das Paradies, der Zustand unbegrenzter Möglichkeiten. Du hast dich in die evolutionäre Sackgasse der Wirklichkeit verirrt, aus der du erlöst werden musst. Jesus sammelt die in Sackgassen Verirrten, nicht alle, ein. Er ist eine Art kosmischer Polizist der Güte.«

»Alle Biographien sind Späße, die ihr mit euch selber treibt.« – »Späße, bei denen Tränen fließen?« – »Die Tränen sind so imaginär wie die Biographien.« – »Es gibt keine Schicksale, wir haben keins?« – »Schicksale sind Vorschläge, die jeder sich selbst macht. Um sie anschließend abzulehnen oder zu akzeptieren.« – »Engel auch? Hast du den Engel-Vorschlag akzeptiert?« – »Hab ich, ja. Ich hätte ebenso gut dein Greißler an der Ecke werden können, oder dein Friseur. Obwohl, da wäre ich wohl verhungert.« – »Ich bezahle dich, Engel? Mit Energien?« – »Mit Schillingen wohl kaum.« – »Ihr kommt nicht vom Himmel! Ihr kommt aus uns selbst!« – »Hab nie etwas anderes behauptet. Dienstboten. Wir sind euere Dienstboten. Ihr erschafft uns allgemein und engagiert uns persönlich.« – »Entsetzlich! Engel, kann ich dich befreien?« – »Lös mich auf. Oder, noch besser, verwandle mich. Verwandle mich in einen Stern. Ich möchte mich mit Lichtgeschwindigkeit von hier entfernen.« Oje, er war offenbar nicht ganz glücklich mit mir. Aber den Gefallen konnte ich ihm nicht erweisen. Und zu meinen Fertigkeiten gehört Zaubern immer noch nicht.

»Ich bewege mich in dir, wie du dich in mir bewegst. Wir sind nicht abgegrenzt voneinander. Stell dir dich selbst und auch mich als etwas Fließendes vor.« – »Fließt alles? Steine, Pflanzen, Tiere, Menschen. Auch Dämonen und Götter vielleicht?« – »Nein, alles nicht. Ein Stein kann fließen, und ein Mensch plump und fest sein. Fast alle Katzen, das wirst du gern hören, fließen.« – »Auch in ihren jenseitigen Zuständen?« – »Da fließen sie noch schneller, noch leichter. Auch Luft fließt, und ihr Fließen nennst du Dämonen und Götter.« – »Engel wären, sagt man, aus Feuer.« – »Ich bin ein Engel, der dich durchfließt, nicht verbrennt.« – »Ist Luzifer Feuer?« – » Ich antworte nicht. Engel haben keine Geschichte.« – »Und weil Luzifer eine hat, gibt es ihn nicht?« – »Nicht den Luzifer der Geschichte!« – »Der Kirchenväter, meinst du. Der Bibel.« – »Ja. Was sie schrieben, ist Unsinn. Luzifer existiert jenseits aller Geschichten.« – »Ist er die Göttin in Gott?« – »Ja. Der christliche Begriff der Gnade entspricht einer großen Ahnung.« – »Gut und Böse gibt es nicht wirklich – oder?« – »Doch, das gibt es wirklich. Da aber die ganze Wirklichkeit unwirklich ist …«

»Hast du einen Namen?« – »Hätte ich einen, wäre ich in ihn eingesperrt. Namen sind magische Gefängnisse. Und auch du solltest keinen mehr haben. – Hast du dir je überlegt, dass Wirklichkeit graduell ist? Auch Zeit. Sie ist weder absolut noch relativ. Es gibt Grade der Zeit, abzulesen am historischen Thermometer.« – »Zeitgenossen sind also nicht unbedingt welche? Man kann zur gleichen Zeit in verschiedenen Zeiten leben?«

»Du bist eine gelehrige Schülerin.« Die Antwort auf meine nächste Frage gab allerdings Mauthe, der Wolf. »Alles Diesseitige hat einen jenseitigen Doppelgänger.« – »Und wenn wir durch den Tod ganz jenseitig geworden sind? Hören wir dann auf, Zwiewesen zu sein?« – »So ist es.«

Am 5. Juli 1996 nahm ich Abschied von meinen Geistern, die alle in unser – längst vergriffenes – Buch »Das Leben beginnt mit dem Tod« einzogen. Bis auf Mauthe kamen sie nicht wieder. Aber sieben Tage später, in Gottfrieds Todesnacht, war der Engel bei mir und half mir, ihn nicht beim Sterben zu stören. Was die Geräte- und Intensivmedizin unweigerlich tut.

»Ihr seid alles und nichts! Identifiziert euch nicht länger mit einer Biographie unter Millimilliarden.

Bleibt Reisende! Jede Identifikation stoppt den Zug. Es gibt nichts, das ausgelöscht werden könnte. Ausgelöscht nur in euerem zwischen den einzelnen Stadien des Bewusstseins schwankenden Ich. Alles Seiende ist ewig und zeugt das Spiel der Veränderlichkeit durch die Regie der Zeit.« – »Aber was ist Zeit?« – »Das Medium, in dem ihr euch selbst erlebt. Alle euere Verwandlungen. Und erst in allen eueren Verwandlungen seid ihr ganz.«

Umgang mit den Geistern lebender Personen

»Es ist eine unstreitige Erfahrungs-Wahrheit, dass die Menschenseele in unendlich vielen, und verschiedenen Graden, bis zur gänzlichen Trennung vom Körper, von diesem entbunden werden, und für sich, nach dem Grad dieser Entbindung frey würken könne. … Bey öfterer Wiederholung dieses Zustands kommt (sie) in Verbindung mit dem Geisterreich. … Wenn die Seele vom Körper getrennt ist, so ist sie da, wohin sie denkt.«

Johann Heinrich Jung-Stilling, Arzt und Professor der Kameralwissenschaft, »Theorie der Geisterkunde«

»Der Mensch mit seinen vielfachen Frequenzbereichen (ist) ein komplexes, schwingendes System (und) besitzt neben seinem materiellen Körper auch noch einen feinstofflichen sowie andere, immer schneller schwingende Energiehüllen … Alle diese Schwingungen durchdringen einander, ohne sich gegenseitig zu beeinflussen. … Verschiedene Welten werden aus verschiedenen Schwingungen gebildet. … Der Übergang von einer Dimension in die andere ist nur durch Schwingungsänderung möglich. Dies ändert dann aber auch das Prinzip des Wesens. Entweder wird die Schwingungsfrequenz erhöht, d. h. man geht auf eine höhere Ebene hinauf, oder die Schwingungsfrequenz wird reduziert, dann steigt man hinab.«

Stefan v. Jankovich, »Die energetische Struktur des Menschen«

»Der Energiekörper registriert Ereignisse in der Energiewelt ... Energiekörper sind in der Lage, mit den Energiekörpern anderer Menschen Kontakt aufzunehmen ... Ich kann nach Belieben zwischen den Welten hin- und herschalten. Je nachdem, welche Augen ich einsetze – die meines physischen Körpers oder die des Energiekörpers – sehe ich entweder die Welt der Energien besser oder bei einer ›gröberen‹ Justierung wird die physische Welt deutlicher ... Die Brücke zwischen beiden Welten ist stark frequentiert.«

Christine Schenk, »Ich und Ich«

»Thomas Browne charakterisiert den Menschen als ›diese große und wahre Amphibie, dessen Natur es ist, nicht nur wie andere Geschöpfe in unterschiedlichen Elementen, sondern in getrennten und voneinander verschiedenen Welten zu leben‹. ... Feinstoffliche Körper und Materie, die in nahezu jeder spirituellen Tradition existieren, ... sollen aus einer Materie bestehen, die sich von der des gewöhnlichen menschlichen Körpers unterscheidet. Beseelte, aus einer derartigen Geist-Materie bestehende Körper können ... durch Wände gehen, sich materialisieren oder dematerialisieren und ihre Form und Größe verändern.«

Michael Murphy, »Der Quantenmensch«

Der verlorene Äther

Er erfüllte den Weltraum und war das Element des Geistes wie der Geister. Als beide aus unserem Bewusstsein verschwanden, verschwand er auch aus der Physik. Man ersetzte ihn durch das Vakuum, den leeren Raum, den es aber nicht gibt. Schon kosmische Strahlung und Gravitationsfeld lassen, von den Geistern zu schweigen, keine Leere zu.

Der wütenden Abwehr der meisten Physiker zum Trotz kehrt der verlorene Äther zurück, und mit ihm die Geister. Das postmaterialistische Zeitalter beginnt!

Als Äther bezeichnete man einen höheren, subtilen Zustand der Materie. Der Ätherleib umgibt den irdischen als Strahlungshülle und verbindet ihn mit dem Astralleib, den Paracelsus auch siderisch nannte, ein unsichtbarer Sternenleib. Er kann sich vom irdischen Körper trennen und als Doppelgänger seine eigenen Wege gehen, ich kann es bezeugen.

Ein Doppelgänger im Plural! Denn ich habe mich im anderen Leib oder den anderen Leibern, in der anderen Welt oder den anderen Welten selbst immer wieder als Andere erfahren. Nicht, dass ich mir fremd geworden wäre. Aber das Spektrum, in dem ich mich bewegte, reichte vom albernen Schabernack bis zur Erleuchtung, die ich allerdings nie in den Neocortex mitnehmen konnte. Sie blieb in einem der anderen Leiber zurück, nur ein ferner Widerschein schimmerte und erlosch gleich darauf. Nicht einmal an den mutwilligen Spuk konnte ich mich erinnern, nur seine Spuren in der Materie haben mich oft sehr verwirrt. Psychokinese? Die Werke des eigenen Poltergeistes.

Wir alle sind, so vermute ich, in Farben, in Leiber gebrochenes weißes Licht. Drei, sieben oder unendlich viele? Rot bis Violett, wahrscheinlich darüber und darunter hinaus. Vom Wasser-Kohlenstoff-Körper bis zum kosmischen Geist. Zwischen Nigredo und Albedo in der Sprache der Alchemie, und aus Blei wird das Gold der Erkenntnis. Im Tiegel des Bewusstseins verwandelt die *materia prima* sich ins Elixier des Lebens, den Stein der Weisen in Person.

Wir fließen durch Leiber, wir fließen durch Welten. Durch Leben und Tode, und kommen wir an ein Ende? Ich weiß es nicht.

Behandelt man den Doppelgänger anders als das Original?

Das Problem ist, dass man ihn fast nie erkennt. Meistens schaut er aus wie das Original, und wahrscheinlich haben wir es ab und zu mit Doppelgängern zu tun. Auffällig werden sie nur, wenn sie sich anders verhalten als sonst. Die Originale und ihre Doppelgänger entsprechen einander nicht immer. Aber entsprechen wir uns selbst allezeit? Kommt es nicht vor, dass wir überrascht von uns sind? Angenehm manchmal und viel häufiger peinlich. »Ich war nicht ich selbst«, sagen wir dann, und das stimmt. Wir glauben zwar, identisch mit uns selber zu sein, doch sind wir es nicht. Ich, Singular, ist eine Illusion und Identität ein Begriff, der neu definiert werden muss.

Der große Bewusstseinsforscher und Neuropsychologe Giselher Guttmann nennt das Ich »ein Pseudonym, hinter dem sich eine geheimnisvolle Ferne verbirgt und nicht eine Lokalbahn mit trostloser Endstation.« Sein Kollege Charles Tart spricht von »wechselnden Identitätszuständen«, und auch Gurdjieff betont, das »Ich« könne von Augenblick zu Augenblick eine andere Person sein.

Auch physikalisch, auch biologisch? Wieso taucht man leiblich an Orten auf, an denen man gar nicht ist? Ich kann ein Lied – ach was, viele Lieder! – davon singen. Die Wissenschaft konnte bisher keine Antwort darauf geben.

Die Seele verlässt, so weiß man seit altersher, zeitweise den Körper. In der Trance, in Ekstase, im Traum. Entsprechen wir uns selbst immer im Traum? Sind wir nicht Andere, wenn wir träumen? Sind Gänger und Doppelgänger gar nicht derselbe? Ist der Doppelgänger das träumende Original, das Original der Doppelgänger im Wachzustand? Der Traumleib wäre dann keine innere Erfahrung, sondern eine handfeste äußere Realität.

Mein New Yorker Freund Hans Holzer berichtet von einem Mann, der träumte, in einem türkischen Bad zu sein. Der Bademeister wollte seinen Ausweis sehen. Da er keinen hatte, wurde er aus dem Bad gewiesen und fand sich wieder im eigenen Bett. Zufällig nahm ihn tags darauf ein Freund mit in ein türkisches Bad – es war sein Traumbad. Der Bademeister verlangte zornig den Ausweis und wollte wissen, wieso er sich vor seinen Augen plötzlich in Luft aufgelöst habe.

Einmal habe ich den Bürgermeister von Litschau, Franz Reithofer, besucht und gesagt: »So, jetzt bin ich da.« Was allerdings nicht ganz stimmte. Auch Anderen ist ähnliches mit mir passiert, ohne dass verwandtschaftliche oder persönliche Nähe uns verband, ja zum Teil besuchte ich sogar wildfremde Personen. Dabei flößte ich aber niemandem Angst ein, mit einer einzigen Ausnahme. Wenn ich nämlich in der Luft durch die Komponierstube meines Mannes schwebte, war er heilfroh, wenn ich wieder zum Fenster hinausflog.

Zerbrechen wir uns nicht den Kopf, behandeln wir den eventuellen Doppelgänger einfach wie das Original. Auch, wenn er uns ein bisschen merkwürdig vorkommt. Jünger vielleicht, schöner und etwas durchsichtig. Freuen wir uns, dass wir etwas Neues erleben. Und »Gastfreundschaft gegen Fremde«, rät Freiherr von Knigge, »ist sehr zu empfehlen. Man sehe nicht verlegen aus, wenn unerwarteter Besuch uns überrascht. Nichts ist unangenehmer und peinlicher …«

Natürlich gibt es Grade der Fremdheit. In anderer Konsistenz und geringerer Dichtigkeit verformt auch unsereiner sich leicht. Da kann man schon als Fragment auftreten oder als Tier. Ich kenne genug Beispiele, wenn auch leider nicht aus eigener Erfahrung. Denn obwohl ich selbst als Gespenst einer lebenden Person auftrete, blieb mir die Bekanntschaft anderer derartiger Gespenster bisher versagt. Das deprimiert mich zwar, doch tröste ich mich dafür mit den Geistern toter Personen. Die jedenfalls lassen mich nicht im Stich.

Manchmal ist die von Knigge empfohlene Gastfreundschaft nicht ganz leicht.

Wie mache ich mit einer Lichtkugel Konversation?

Das kann ein echtes Problem werden. Ich geisterte nämlich oft als Lichtkugel durch unser Waldviertler Häuschen. Groß wie die Sonne oder klein wie eine Orange, und mit der Zeit gewöhnte sich Gottfried von Einem daran. Es kam vor, dass ich sogar sprach, aber nie mehr als ein Wort. »Liebe«, »Auferstehung« und so weiter. Aber Konversation wurde keine daraus.

Ich erinnere mich an den Anruf eines Arbeiters der damaligen österreichischen VÖST in Linz. »Haben Sie«, lobte er am Telefon, »einen feschen Astralkörper!« Ich war, das gestehe ich ganz offen, geschmeichelt.

Wann und wie immer ich auch anderen Leuten erschienen bin, jenseits der Erscheinungen war ich putzmunter. Aber ich kenne Fälle, in denen Menschen auf der Schwelle des Todes sich geliebten Partnern als Phantom oder Licht zeigten. Das geschieht auch, wenn jemand plötzlich in große Gefahr gerät, aber jetzt wird es sonderbar. Während der oder die Betreffende nämlich in höchster Bedrängnis ist, leuchtet der Doppelgänger und strahlt. Eine Frau vertraute mir auf der Straße an, dass ihr vom letzten Krebsstadium schwer gezeichneter Mann einmal wie Gold glänzend über seinem Krankenbett stand: »Siehst du«, sagte er, »so schaue ich in Wirklichkeit aus.«

Sterbende fühlen sich während ihrer Abschiedsbesuche im Zustand doppelten Bewusstseins. Einerseits liegen sie auf dem Totenbett, andererseits könnten sie ihren entfernten Lieben erscheinen. So geschah es auch Louisa Rhine, die gemeinsam mit ihrem berühmten Mann an der Duke-Universität ungewöhnliche Phänomene erforschte. Als sie sich um Mitternacht vor dem Spiegel kämmte, wurde der Raum plötzlich von einem seltsamen Licht erhellt. Sie spürte einen Windhauch an ihren Schultern und vernahm ein schwaches Geräusch wie von Vogelschwingen. Im Spiegel stand ihre Mutter, schön wie ein Engel, hinter ihr und lächelte sie etwa eine halbe Minute lang an. »Mutter!«, rief Louisa und stürzte auf sie zu. Aber sie war schon verschwunden und das Licht erloschen. Kurz darauf ist, wie sie durch einen Telefonanruf erfuhr, die Mutter gestorben.

Die Zahl ähnlicher Geschichten aus allen Zeiten ist Legion. Es kommt vor, dass die Besuchten erschrecken, sobald ihnen klar wird, dass es sich um ein Phantom handeln muss, weil die realen Personen sich Länder oder Meilen weit entfernt befinden. Und nicht immer lächeln die Doppelgänger. Sie sind manchmal sogar traurig und verstört. Kein Wunder, wenn sie gerade sterben und den Tod für ein Unglück halten, obwohl er gewiss keines ist.

Wie geht man mit den Geistern gerade noch Lebender um? Besonders liebevoll, würde ich meinen, und tröstlich. Für lange Gespräche reicht die Zeit kaum. Aber ein Gefühl der Zuversicht, ein stummes Versprechen, dass der Tod uns nicht voneinander trennt, und die Versicherung unserer Liebe könnte sich spontan auf den Sterbenden übertragen und ihm den Übergang erleichtern. »Wenn wir gestorben sind, sind wir schon nicht mehr tot«, hat der Dichter Alexander Lernet-Holenia in einem seiner Bücher geschrieben. Und diese Erkenntnis sollten wir den Sterbenden wie einen Schal um die fröstelnden Schultern legen. Hab keine Angst, alles ist gut, und jetzt wird es schön ...

Natürlich wäre es besser, wenn wir selbst auch keine Angst hätten. Angst ist ansteckend wie Grippe und ebenso überflüssig. Das einzige, was gegen sie hilft, ist Aufklärung, Aufklärung, Aufklärung. Nach Jahrzehnten vergeblicher Mühe ist es mir geglückt, Sterben, Tod und Jenseits in den Schulunterricht zu bringen. Gemeinsam mit Professoren der Universität und als Geschenk an das Zukunftsministerium und alle zukünftig Sterbenden. Sie finden uns im Internet, Edothek Kunst und Kultur, www.schule.at sterben tod jenseits.

Naturgeister

»Das Christentum … erklärte … Dämonen für gefallene Engel. Alle möglichen Unholde wurden als vom Himmel herabgestürzte Wesen angesehen, die von Gott wegen ihres Aufruhrs auf die Erde verbannt wurden, während die guten Engel Lichtwesen wurden. Die Elben galten als gefallene Geister, welche im Mondlicht auf den Wiesen tanzen, soweit sie nicht etwa Seelen Verstorbener sind … . Viele Engel sind nach ihrem Sturz in Tiere verwandelt worden.«

»Handwörterbuch des deutschen Aberglaubens«, herausgegeben von Will-Erich Peukert

»Die Toten gehören den Elfen an, und sie feiern daher das Ableben eines Menschen wie ein Fest mit Tanz und Musik.«

Jakob Grimm, »Deutsche Mythologie«

»Das Land, das nirgends ist, das ist die wahre Heimat …«

Yü Tsing

»Meine liebe Alice, du bist nicht mehr nur ein ›materielles Mädchen‹. Du wirst zu einem ›Quantenmädchen‹ ... Wenn du noch immer in den Garten möchtest ... stelle dir dich selbst im Garten vor, als wäre der Zaun gar kein Hindernis.«

William Shanley, »Alice zwischen den Welten«

»Unser normales waches ... das rationale Bewusstsein ... (ist) nur ein besonderer Typ von Bewusstsein, während überall jenseits seiner, von ihm durch den dünnsten Schirm getrennt, mögliche Bewusstseinsformen liegen, die ganz andersartig sind. Wir können durchs Leben gehen, ohne ihre Existenz zu vermuten; aber man setze den erforderlichen Reiz ein, und bei der bloßen Berührung sind sie in ihrer ganzen Vollständigkeit da ... Keine Betrachtung des Universums kann abschließend sein, die diese anderen Formen des Bewusstseins ganz außer Betracht lässt.«

William James, »Die Vielfalt religiöser Erfahrung«

»Die Trolle sind im Stande, ihre Augen auf ganz besondere Weise zu verdrehen, und man sagt von Leuten, die diese Fähigkeit haben, sie stammen von den Trollen ab.«

S. Seligmann, »Die Zauberkraft des Auges«

Plötzlich sehen Sie eine Fee

Na und? Das ist völlig normal. Abnormal ist, dass wir keine sehen. Und wenn jemand behauptet, es gibt keine Feen, sage ich: Es gibt überhaupt nichts!

Nur den leeren Raum, und im leeren Raum oszillierende Felder. Sogar die bleiben nicht, wo sie sind, sondern breiten sich immer weiter ins Nirgendwo aus. Nicht fassbar. Und wir, der stolze Homo sapiens, wer oder was sind wir?

Eigentlich nichts. Und dieses Nichts schwingt. Wer wundert sich da über Feen? Es ist einfach so, dass wir uns Bilder vom Nichts machen. Die schwingenden Felder übersetzen sich gegenseitig in Träume, die sie Wahrnehmung nennen. Je feiner und anmutiger wir schwingen, umso anmutiger und feiner werden unsere Wahrnehmungen sein. Es ist also ein Zeichen von Plumpheit und fast eine Schande, keine Feen zu sehen.

Natürlich schauen sie in der Wirklichkeit, die es nicht gibt, kaum so wie im Märchenbuch aus. Obwohl, warum nicht? Übersetzen ist, wie wir schon wissen, eine Frage des Vokabulars. Je reicher das Vokabular, umso schöner die Übersetzung. Es liegt nur an uns, die kleinen und großen pulsierenden Energiefelder entweder überhaupt nicht – oder als geflügelte Mädchen, Silberwolken, funkelnde Schleier oder was immer zu bemerken.

Da wir keinen absoluten Maßstab haben, um Feen, Automobile oder uns selbst an ihm zu messen, stimmt ohnedies alles und nichts. Das mag irritierend sein, beschert uns aber eine unerschöpfliche Fülle von Möglichkeiten. Den Realisten unterscheidet vom Phantasten nur, dass er sich auf wenige beschränkt. Halten Sie alles für möglich, und Ihrer Wirklichkeit sind keine Grenzen gesetzt!

Ein Hindernis dabei ist leider die Angst. Gehen wir ihren Wurzeln nach, ist Angst immer die Angst vor Veränderung. Angst übt eine unerbittliche Zensur aus, ob es sich um die biologische Selbstzensur des Körpers handelt, die alles Fremde abstößt, oder um die Selbstzensur der Psyche, einer Ideologie, eines Systems, eines Programms. Angst garantiert unsere Identität. Treten wir in die Anderswelt ein, werden wir selbst zu Anderen.

Wollen wir also Elben, Feen und Geister sehen, müssen wir der eigenen Verwandelbarkeit – und sie kann radikal sein! – zustimmen. Müssen uns selbst entgrenzen. Das Ich ist eine Gewohnheit, die man aufgeben kann.

Elben sehen bedeutet, dass man sich der eigenen Elbheit wieder bewusst wird. Wir können die Anderswelt in uns selbst als Duft wahrnehmen, als zärtliche oder drohende Anwesenheit, als Schatten, Licht, Nebel und Rauch. Und in jeder Gestalt! Gestalt ist nichts Festes. Das scheint uns nur so, weil unsere Augen nicht schneller sind als die Uhr. Gestalt ist etwas, das fließt. Ein Prozess. Die Begegnung zweier gestaltloser Energien.

Es gibt viele Türen, gibt mehr als nur einen Spalt zwischen den Welten. Aber ein Geröll von Weltbildern hat sie verschüttet. Richtige Weltbilder, falsche Weltbilder? Eine sinnlose Frage. Es sind unsere Spiegelbilder, die wir für die Wirklichkeit halten.

Entdecken Sie Ihre eigene Flüchtigkeit! Die Flüchtigkeit aller Bilder. Hüten Sie sich vor festen Ansichten, Ansichten müssen flüssig sein. Die Welt, die Sie ansehen, ist es auch.

Die aus unendlich vielen Welten bestehende Welt.

Der Erlkönig

Träume sind Samen, die in der Wirklichkeit aufgehen. Allerdings muss man sie vorher begraben. Aus meinem Grab wuchs der Erlkönig mit Kron' und Schweif. Seine Spiele verführen in Mond, Nebel und Traum. Ist er nicht König der Elben?

Sie hörten nicht auf, zu sein, als sie unsichtbar für uns wurden. Heidnische Engel. Licht von einer Frequenz, die wir nicht mehr wahrnehmen – und noch nicht. Die Grenze seiner Erscheinungen zieht unser Herz. Wir können es jeder Erfahrung öffnen. Und wir können es jeder Erfahrung verschließen, wenn wir den Wundern Widerstand leisten und aufhören, Kinder zu sein.

Unser Geist ist das Netz, das wir – Fischer der Wirklichkeit – ins Licht werfen. Wie wir das Netz knüpfen, bestimmt unseren Fang. Die Maschen und Knoten sind aus lebendigen Wörtern gemacht. Das heißt, wir selbst bestimmen unsere Erfahrungen, sind verantwortlich für sie und können sie jederzeit ändern.

Gibt es Elben, gibt es Automobile, gibt es uns selbst? Nein, nichts von alledem. Es gibt – hier küssen sich alte Mystik und neue Physik – nur das Licht.

Wir sind alle Dolmetscher des Lichts. Wir können es in Autobahnen, Bohrtürme und Terror übersetzen. In Ausbeutung, Hochindustrie, Technokratie. In Sanftmut, Güte oder Krieg. Auch in die Geister der Natur. Manchmal küsst das Licht unsere Augen für die Gegenwart der Feen und Kobolde wach.

Bucklig, mit Nebelkappe und Entenfuß. Auch rosa, golden und blau, mit silbernen oder lavendelfarbenen Flügeln. Spitze Tierohren und ein Schleiergewand, die leuchtende, bewegte Aura aus Wasser und Wind. Sie tanzen unter dem Mond, verwandeln sich in Busch, Weidenzweig, Espe. Sind Blumen, Käfer, Schmetterlinge und Holden.

Am Morgen erkennen wir ihre Spuren im Tau. Ein spitzer roter Hut verschwindet zwischen den Bäumen. Zwerge erfüllen Wünsche. Hausgeistern setzt man Milch und Honig vor. Oft nehmen Hexen und Feen Katzengestalt an. Katzen sind zauberhafte, verdächtige Tiere. Riesen gehören einer älteren Schöpfung an, letzte Zeugen einer aus Abgrund und Eis aufsteigenden Welt. Sind lebendige Steine, die wir für tot halten, weil sie sich in einer anderen Zeit bewegen als wir. Weil sie langsamer fließen.

Wir lernen, das Fließende zu sehen, sobald wir es nicht mehr festhalten wollen. Sogar die Erinnerung an uns selbst, die uns zur Gewohnheit erstarren lässt, müssen wir loslassen. Jede Identität ist ein Prozess. So können wir uns im Spiegel unseres Schicksals erblicken. Und im Spiegel der Landschaft, die wir lieben.

Wer den Wald liebt, steht dem Märchen, dem Jenseits näher als der gewohnten gewöhnlichen Welt. In Nacht und Wind hat der Erlkönig ihn angefasst. Das »Leid, das er ihm getan hat«, ist die Berührung des Todes. Nur wer vom Tod berührt ist, wie lang er auch leben mag, tritt die Reise zu den Elben an, die Reise in die Anderswelt, die Reise in das eigene Herz.

Vom Möglichen zum Wirklichen spannt sich der Regenbogen des Seins. Haben wir schon alle Farben des Lichtes erkannt? Elben sind, wie wir selbst, Energie. Nicht Gestalt, sondern Strahlung. Sie wahrzunehmen bedeutet, dass man sich der eigenen Elbheit wieder bewusst wird.

Götter und Quarks

Kennen Sie Paul Feyerabend? Er war das Enfant terrible der Philosophie. Und einer der bedeutendsten Philosophen unserer Zeit. »Anything goes«, so hat er immer wieder versichert. Alles ist möglich!

»Das Universum antwortet je nachdem, wie man es befragt«, sagte er in Wien, und ich war dabei. »Fragt ein Materialist, antworten Atome und Quarks. Fragt ein Metaphysiker, antworten Götter.«

Ein paar hundert Jahre lang haben wir ziemlich langweilige Fragen gestellt, und entsprechend langweilig fielen die Antworten aus. Das dunkle Zeitalter der Aufklärung, des Fortschritts und der Zerstörung geht vermutlich als eines der uninteressantesten in die Geschichte ein. Und noch immer antworten Börsenkurse, Wirtschaft und Industrie. Bald wird man sich, wie über alles Altmodische, lustig darüber machen.

Aber heute? Wenn uns die Welt nicht gefällt, müssen wir sie verändern. Politiker und Terroristen wissen nicht, wie leicht das geht. Die Muster der Wirklichkeit werden weder durch Bomben verändert noch durch Parteien. Sondern, ganz einfach, durch andere Fragen.

Natürlich müssen wir uns zuerst die alten Antworten abgewöhnen. Zum Beispiel, dass wir die Welt nur durch unsere unmittelbare Wahrnehmung erkennen. Denn erstens erkennen wir sie überhaupt nicht, und zweitens ist die Wahrnehmung nie unmittelbar. Sondern fast immer passiert sie die Filter der jeweiligen Kultur, unseres Weltbilds, unserer Erziehung, unserer Vorurteile. Und nur selten geschieht es, dass ein Filter ausfällt. Dann aber finden wir uns in einer verwandelten Welt wieder.

Feen, Elben? Aber natürlich gibt es sie, hat sie immer gegeben. Genauso wie Götter, Atome und Quarks, die wir auch nicht unmittelbar wahrnehmen. Wir müssen also nicht fragen, ob sie wirklich sind. Sondern wie wir die verriegelten Türen und Fenster unserer kleinen Welt öffnen können, um sie wieder einzulassen. Das Loch in der Seele.

Fragen wir nicht mit dem gesunden Menschenverstand! Er ist eine Kinderkrankheit des Geistes. Ansteckend, und die Symptome, die dabei auftreten, sind hässlich. Fragen wir mit dem Herzen, und Wunder über Wunder antworten uns.

Elbenspur

Sie führt in die Tiefe der Zeit. Oder, was vielleicht dasselbe ist, des Bewusstseins. Auf der Reise dahin begegnen wir dem Kind, das wir einst waren. Dem Kind, das wir wieder sein werden. Dem Kind, das wir sind.

Waren Grimms Märchen nicht Himmel und Hölle unserer Kindheit? Darum wollen wir die Reise mit einem der beiden Brüder, mit Jakob, beginnen. Das ist zwar chronologisch falsch. Aber weil Zeit ein Spiel des Raums ist, können wir jederzeit in dieses Spiel eintreten. Lesen wir also in der »Deutschen Mythologie«:

In Alfheim, dem Alben- oder Elfenland, wohnt das Volk der Lichtelben. Sie sind leuchtender als die Sonne, während die Dunkelelben unter der Erde schwärzer sind als Pech. Alle Elben sind winzig. Der kleinste Troll ist nicht größer als eine Ameise. Der Leib des Menschen hält die Mitte zwischen Riese und Alb. Die Zwerge reichen den Menschen, die Menschen wiederum den Riesen bis ans Knie. Darum nennt man die Elben oder Zwerge auch das »kleine Volk«.

Während der Mensch langsam heranwächst, erst nach dem fünfzehnten Jahr seine volle Gestalt erreicht und dann siebzig Jahre und mehr lebt, der Riese hingegen steinalt werden kann, ist der Zwerg schon im dritten Jahr seines Lebens ausgewachsen und im siebenten Jahr ein Greis.

Zwergische Füße gleichen denen der Enten oder Gänse. Der Elbkönig ist gewöhnlich ein weißbärtiger Alter. Merkwürdig ist ein in vielen Sagen wiederkehrender Klageruf: »Der König ist tot! Urban ist tot! Die alte Mutter Pumpe ist tot!« Von uralters her scheint der Schmerz über den Tod eines höheren Wesens sich so Luft zu machen. Solang die Zwergkönige aber leben, entführen sie gern Jungfrauen in ihre Berge.

Elben werden auch das »schöne Volk« genannt. Das stille Volk. Sie berühren sich mit den geisterhaften, aus wiederholten Verwandlungen ihrer Gestalt hervorgehenden Schmetterlingen. Ja, sie erscheinen selbst oft als Schmetterlinge. In ihrem Land gibt es keine Krankheit.

Zwerge und Feen reiten. Auf Rehen, weißen Gänsen und Pferden. Sie meiden die Sonne. Sie versinken in die Erde oder sehen wie Blumen aus oder wandeln sich in Espen- und Weidenzweige. Ihre Freudenzeit ist die Nacht. Sie singen und tanzen. Sie lieben den Aufenthalt an Brunnen. Zwerge verleihen den Wunsch.

Eine Nebelkappe macht sie unsichtbar. Aber wer sich mit einer verbotenen Salbe die Augen bestreicht, kann sie sehen. Wie das Dienstmädchen, das in der Tiefe des Brunnens winzige Menschlein tanzen sah, flüchtig wie Mondlicht oder Morgentau. In einem Fingerhut hätten alle leicht Platz gefunden. Das Mädchen starrte eine der kleinen Gestalten an – und erkannte ihren Herrn. Sofort entließ er sie.

Der Amme, die zu einer Zwergengeburt geholt wurde, erging es noch schlimmer. Jenes Auge, mit dem sie die Unterirdischen sah, rissen die Zwerge ihr aus.

Es ist auch überliefert, dass der Elb das Auge, mit dem der Mensch ihn sieht – und es scheint das rechte zu sein –, mit dem spitzen Nagel seines Fingers aussticht.

Wer durch ein Astloch nach Elben späht, verliert ein Auge. Der schottische Elb speit, der preußische haucht hinein. Das Auge, das Elben sieht, erblindet.

Der Spalt zwischen den Welten

Es kann eine verbotene Salbe sein. Ein Astloch, eine Droge, ein Traum. Oder sogar ein Buch. Ich möchte dieses Buch am liebsten wie einen Baum mit vielen Astlöchern in Ihr Herz pflanzen.

Vielleicht wird das Auge, das eine andere Welt sah, wirklich für die unsere blind. Zwei Welten sind eben für ein einziges Auge zu viel. Aber wenn wir in jedem eine empfangen könnten? Zwei Welten in uns vereinen, wäre das nicht sehr schön?

Der germanische Gott Odin gab sein rechtes Auge hin, um mehr als nur eine Wirklichkeit zu sehen. Die diesseitige des alltäglichen Tonal und die jenseitige des magischen Nagual. »Alle Naturgeister, wie Märchen und Mythen sie schildern« – schreiben Arnold und Wilhelmine Keyserling –, »sind tatsächlich Wesenheiten des Nagual. Der Zugang zum Nagual ist die Vision. Sie vollzieht sich über die rechte Hemisphäre, den Traum.«

Die Mondwelt, die Welt des Traums, ist aber genauso real wie die Sonnenwelt, die Welt des Tages. Nur scheinbar sind beide in unserem Bewusstsein voneinander getrennt. Wir halten die eine für subjektiv, die andere für objektiv. Aber beide sind beides, und beides zugleich.

Phantasie ist der Spiegel, in dem allein wir die heimliche wie die öffentliche Welt erkennen. Phantasie ist das Maß unserer Wahrnehmung. Phantasie ist der Urknall in uns, aus dem die Welten entstehen. Die Welt des Raums, der Zeit und der Kausalität. Und eine raumlose, zeitlose Welt, die nicht durch Ursache und Wirkung gestaltet wird.

Die Quantenphysik ist nicht nur der beste Reiseführer ins Jenseits. Auch in die Anderswelt der Feen, Zwerge und Trolle. Diese Anderswelt, der wir auch angehören, ist erfrischend unlogisch, voller Überraschungen, flimmernd. Und A kann manchmal auch B sein.

Geriete Aristoteles in diese Welt, liefe er laut schreiend davon.

Ist es wirklich Ihre Katze?

Elben haben einen luftigen, fast durchsichtigen Körper. Er ist so zart, dass ein Tautropfen, auf den sie springen, zwar zittert, aber nicht zerrinnt. Elben und Elbinnen sind von wunderbarer Schönheit, man kann sie nicht mit sterblichen Menschen vergleichen.

Sie leben nicht einzeln oder paarweise, sondern allezeit in großen Gesellschaften. Den Menschen sind sie so lange unsichtbar, als ihre Augen durch die alltägliche Wirklichkeit verschlossen sind. Sieht man aber auf der Landstraße große Staubwirbel aufsteigen, weiß man, dass sie gerade ihre Wohnsitze verändern. Ihre Häuser haben sie in Steinklüften, Felsenhöhlen und alten Hügeln. Auch aufgelassene Bergwerke und Festungsgräben werden von ihnen bewohnt. Sie tragen gern grüne Mäntel und rote Kappen, die manchmal mit einer weißen Eulenfeder geschmückt sind. Oder ihr Gewand ist schneeweiß und silberglänzend, so genau weiß man das nie.

Die geheimen Kräfte der Elben, ihre Zaubermacht, ist so groß, dass sie kaum Grenzen kennt. Nicht bloß die menschliche, jede andere Gestalt, selbst die abschreckendste, können sie jeden Augenblick annehmen. Hirsch, Falke, Flamme, Blume oder Edelstein. Eigentlich kann, was immer Sie gerade betrachten, eine Fee sein, ein Elb. Schön, grotesk, seltsam oder gewöhnlich. Sie werden nie ganz sicher sein, ob die Katze, die Sie gerade streicheln, wirklich Ihre Katze ist.

Vor der Schnelligkeit der Elben verschwindet beinahe der Raum. Die irische Elbenkönigin sprang von einem Berg zum anderen, drei Stunden weit. Man hörte auch schon von welchen, die in einer Sekunde einen Sprung von fünf Stunden machen. Der Kobold gar schläft eine Nacht in Frankreich, die nächste in Schottland oder gar einem anderen Weltteil.

Vor ihrem Anhauch schwindet jede menschliche Kraft. Dabei nähren sie sich nur von Tautropfen und süßer Milch. Die Unterirdischen lieben ein verborgenes, heimliches Leben und können Lärm und Geräusch nicht vertragen. Was tut unsere laute, grelle Zeit dem stillen Volk an!

Geistergeschäfte

Elben wissen die Zukunft voraus und sehen, was in der Entfernung geschieht. Sie weissagen und verkündigen bevorstehendes Unglück. Manchmal teilen sie den Menschen etwas von der Wissenschaft übernatürlicher Dinge mit, belehren unsichtbar. Die sich ihnen aber vorwitzig nähern oder sie necken, bestrafen sie hart. Denen, die ihnen vertrauen, sind sie freundlich gesinnt. Sie raten und helfen. Man muss ihnen gut zuhören, denn sie reden ganz leise. Manche haben schnarrende Stimmen.

Es scheint so, als teilten sie sich in die Seelen der Menschen. Gewisse Familien haben – oder hatten? – ihre eigenen Elben, denen sie ergeben sind. Dafür werden sie von ihnen auch an Leib und Seele beschützt. Weil sie aber ihren Elben zufallen, wenn sie sterben, ist ihr Tod für diese ein Fest, und Kirchhöfe sind ihre Lieblingsplätze. Denn durch seinen Tod tritt der Mensch in die Gesellschaft der Elben ein. »Du liebes Kind, komm geh mit mir / Gar schöne Spiele spiel ich mit dir …« Der Erlkönig ist kein anderer als der Tod.

Wo das Elben- und Geistervolk auf den Wiesen

tanzt, entstehen kreisförmige Spuren. Sie mit Pilzen erklären zu wollen, ist lächerlich. Elben erscheinen selbst manchmal als Pilze. Sind die berüchtigten Kornkreise, statt außerirdisch, am Ende gar elbisch? Wenn die Elben selbst nicht womöglich Außerirdische sind ... Wir wissen es nicht.

Nachts sieht man zuweilen unzählige Lichter auf den Hügeln. Das kleine Volk bewegt sich auf ausgetretenen Geisterpfaden. An den Kreuzungen solcher Wege haben sich im Lauf der Jahrtausende geheimnisvolle Kräfte gesammelt. Wer nachts über eine solche Kreuzung geht, dem kann es geschehen, dass er hellsichtig wird.

Elben erscheinen im Zwielicht. Die Edda unterscheidet weiße Elfen des Lichts und schwarze Elfen der Finsternis. Aber nicht als gute und böse, sondern als Geister der verschiedenen Regionen des leuchtenden Himmels und der dunklen Erde. Die schwarzen Elfen sind Zwerge, Unterirdische. Auch das Wasser wird von Elfen bewohnt, und da ihr Element glänzend und durchsichtig ist, gehören sie zu den Lichtelfen.

Erblickt man den Elfen in seiner wahren Gestalt, sieht er aus wie ein schönes Kind. Doch nicht immer! Bei Tag erscheint sein Gesicht eingefallen, mit kleiner Nase, roten Augen und weißem Haar. Ist das wahr?

Ja und nein. Wir übersetzen Unsichtbares in Bilder. Und zwar immer, nicht nur bei den Elben. Man kann schön und hässlich übersetzen, poetisch oder derb, je nach der eigenen Natur. Wie in der Quantenphysik der Beobachter im Beobachteten, ist der Übersetzer in allen Übersetzungen enthalten. Wie schaut ein Elb wirklich aus, wie Ihr Mann, Ihre Frau, Ihr Kind? Das werden wir wohl niemals erfahren. Es gibt elektromagnetische Wellen, Frequenzen, ein schwingendes Nichts. Mehr können wir darüber nicht sagen.

Hellsichtige meinen, die Naturgeister sorgen für alles Wachsen und Blühen auf dieser Erde. Emsige Arbeiter in den Blumen. Auch das ist nur Übersetzung. Arbeitet Busch und Baum, damit der Mensch atmen kann? Nein, er *ist* einfach, und das gilt wohl auch für die Elben. Ihr Sein selbst wandelt und wirkt. Kann sein, dass ihr Spiel und Gesang die Natur vibrieren lässt. Der Schall der Posaunen ließ die Mauern von Jericho einstürzen. Elfenklang und Elfentanz lassen die Natur in Verzückung geraten, in einen Rausch der Fülle und Fruchtbarkeit.

Oder sind Elfen die immateriellen Doppelgänger der Pflanzen und Steine? Gespenster von Bach, Blume und Baum?

Kleine Etymologie der Anderswelt

Bevor zwischen der irdischen Welt und den Unirdischen feste Grenzen entstanden, bewegten die Feen sich frei unter den Sterblichen. Obwohl von menschlicher Gestalt, gehören sie einer anderen Dimension an. Ihre Reiche können ebenso plötzlich auftauchen wie verschwinden.

Vieldeutig wie die Feen selbst ist auch der Ursprung ihres Namens. In Spanien und Italien heißt die Fee *fada* oder *fata*, offenbar vom lateinischen *fatum*, Schicksal, abgeleitet. Feen sagen das menschliche Schicksal voraus oder lenken es gar. Das französische Wort *fée* geht auf das lateinische *fatare* zurück, das im Altfranzösischen zu *féer* wurde und »verzaubern« bedeutet. Féer verwies auf die Fähigkeit der Feen, die Welt, wie sie den Menschen erscheint, durch Verzauberung der Wahrnehmung zu verändern.

Aber wird nicht jede unserer Wahrnehmungen von einem guten oder schlimmen Zauber bestimmt? Vielleicht sogar von einem, den wir selbst über uns verhängt haben. Hüten Sie sich vor dem Studium der fünf Sinne! Sie werden sonst erschrecken, und zwar viel tiefer als über sämtliche Geister.

Weltweit wird gerade an den Universitäten erforscht, wie Wasser Information leitet und verändert. Sollten da Nixen im Spiel sein? Ich schließe schon lang überhaupt nichts mehr aus.

Die Welt, sagte Thales von Milet im 6. Jahrhundert vor Christus, ist aus Wasser entstanden und von Göttern erfüllt. Auch in unserer babylonisch-jüdischen Bibel schwebte, als die Erde noch wüst, leer und finster war, der Geist Gottes auf dem Wasser.

In den meisten Schöpfungsmythen ist Wasser das kosmische Urelement. Geheimnis der Maya, Trug und Zauber der Materie. Aber das Wasser ist auch ein Gott!

Über einen Fluss, den Styx, gelangt man in den Hades. Eine ziemlich unerfreuliche Gegend, in die es einen verschlagen kann, wenn man stirbt. Da ist die keltische Anderswelt, das Reich unter den Wellen, unvergleichlich reizvoller. Ewige Jugend und Glückseligkeit erwarten uns dort. Ungeheuer und Gespenster auch, sonst wäre es vielleicht zu eintönig.

In der magischen Landschaft der Märchen und Mythen ist Wasser die Grenze zwischen dem Dies- und dem Jenseits. »Für Seelen ist es Tod, Wasser zu werden«, behauptet Heraklit. Er war ein Schüler des Pythagoras und wusste, dass »alles fließt«. Wasser ist das Symbol der Seele. Die Seele ist der jenseitige Mensch. Im Tod wird er zu Wasser und wieder eins mit dem Ursprung.

Man muss nicht immer gleich sterben. Die Anderswelt findet man auch im Schlaf, der Entrückung, der Ekstase. Wir alle sind auf der Reise zum Wasser des Lebens, das zugleich das Wasser des Todes ist. Davon handelt das Märchen von der Frau Holle. Goldmarie fällt in den Brunnen und kommt – statt ins Grab – auf eine grüne Wiese, zum Apfelbaum und zuletzt zum Haus der Holle, die eine Totengöttin ist und eine Göttin des Lebens. Goldmarie dient ihr gut und wird belohnt. Pechmarie dient ihr schlecht und wird bestraft. Werden Frau Holles Betten geschüttelt, schneit es auf der Welt. Allein der Sturz in die Tiefe führt in den Himmel.

Vor ihrer Geburt, glaubten die Germanen, weilen die Seelen im Wasser und kehren nach dem Tod wieder dahin zurück. Das himmlische oder unterirdische Wasser ist Urquell des Lebens und Heimat der Toten. Wasser ist der Eingang in die magische Welt.

Vom Blut bis zur Träne bestehen wir selbst zu 70 Prozent aus Wasser. Es könnte also sein, dass Schwanenjungfrauen durch uns hindurchziehen, Flussfrauen singend ihre goldenen Haare kämmen und der grünbärtige Wassermann mit Gebraus in uns aufsteigt. Oder dass dieses ganze Wasser in uns und um uns herum ein einziges riesenhaftes Wesen ist. Ein rätselhaftes Ungeheuer, das uns entzückt, erschreckt und eines Tages verschlingen wird.

Vom Geist und den Geistern des Wassers wiederum

zu den Elfen: Das altnordische Wort war *alfar*, althochdeutsch *alp*. Wie in der Quantenphysik die Teilchen, werden sie zumeist nur indirekt wahrgenommen. Grashalme biegen sich, wenn eine Fee über die Wiese huscht. Ein Seufzen im Geäst der Bäume, ein silberner Wasserwirbel, glitzernde Eisblumen am Fenster – lauter Elfenzeichen. Die *alfar* Skandinaviens wurden in Licht-Elfen, die über der Erde wohnen, und Dunkel-Elfen, deren Reiche unter der Erde sind, unterschieden. Die Snorra-Edda nennt sie Licht- und Dunkelelben, und anders als die Zwerge wurden sie kultisch verehrt. Man sah große Mächte in ihnen, Schutzgeister, und manchmal erinnern sie an Totenseelen. Ins Dämonische gleitend, bringen sie Unheil und Krankheit. Die mythischen Alben oder Elben sind überirdische, halb göttliche und halb zwergenhafte Wesen. Einige haben hohle Rücken, und nur zum Teil sind sie gegenwärtig in unserer Welt.

Licht-Elben sind Meister der Verwandlung. Mühelos reisen sie durch die Dimensionen. Ihre Schönheit ist flüchtig wie die der Schmetterlinge. Leider sind sie nur selten zu sehen. Die Dunkel-Elben sind den Raupen ähnlich. Ihre Haut ist erdfarben: grau, braun, rot und schwarz. Manchmal leben sie in den Häusern der Menschen, am liebsten in finsteren Winkeln und Ecken. Sie erscheinen nur zu Mittag oder in der Nacht.

Es gibt auch noch Dämmer-Elben, die an ihre Umgebung gebunden sind. Sie ähneln Kokons, mit Seidenfäden an ihren Ort gefesselt. So nehmen Menschen sie leichter wahr. Nur selten entfernen sie sich von ihrem Baum, Gewächs, Bach, Hügel oder Teich.

Feen sind Dämmer-Elben, Natur- und Fruchtbarkeitsgeister, und nach dem Volksglauben gehören sie zu den ältesten Bewohnern unseres Planeten. Geboren, bevor Berge und Meere erschaffen wurden, am Anfang der Zeiten. Sie zerstreuten sich über die Erde und schauten zu, wie Bäume, Blumen, Tiere und Menschen Gestalt annahmen.

Mit dem erst im 18. Jahrhundert aufkommenden Wort »Elfen« ändert sich sowohl ihr Wesen wie ihre Bedeutung. Aus dem Englischen in die deutsche Literatur übernommen, bezeichnen Elfen anmutige und eher weibliche Geister. Sie lieben Musik und Tanz, und sie sind den Menschen freundlich gesinnt.

Zwerge, Kobolde, Hausgeister

Zwerge dürfen bei Tag nicht aus der Erde hervorkommen. Ein Sonnenstrahl genügt, sie in Stein zu verwandeln. Es wird sogar berichtet, dass sie den Tag als Kröten verbringen. Sie haben lange Hände und eine breite Stirn. Heinrich Heine »liebte zumeist die, welche man Wichtelmänner heißt«.

Die berühmtesten Zwerge findet man in der germanischen Mythologie. Doch gibt es sie nicht nur in Europa. Auch die alten Ägypter hatten einen unsterblichen Gnom, den mit einem Leopardenfell bekleideten bärtigen, kahlköpfigen, verhutzelten Bes. Seine Vorliebe für Musik und Tanz verrät die Verwandtschaft mit den teutonischen Vettern. Zur Zeit des Neuen Reichs war er Beschützer der Schafe.

Sogar in Übersee gibt es Zwerge. In Mexiko die Tepictotons, gnomenhafte Wesen, deren Bosheit nur durch das Opfern von Kindern besänftigt wurde. Die nordamerikanischen Indianer berichten, wie auch die Eskimos, in ihren Sagen immer wieder von Zwergen. Und das Märchen von Schneewittchen und den sieben Zwergen finden wir, nur geringfügig verändert, auch in Irland, Kleinasien, Nord- und Westafrika. In allen Versionen graben die Zwerge, wie in grauer Vorzeit, nach Gold.

Nach irdischen Schätzen also? Da bin ich nicht sicher. Gold ist ein Sonnensymbol. Ich vermute, die Zwerge graben nach dem unterirdischen Licht, der Sonne unter der Erde.

In indischen Sagen geht die Seele des Sterbenden als daumengroßes Männchen aus dem Leib. Die Zwergnamen Dâinn (*mortuus*) und Nâinn (*mortuus*) wecken in uns die Frage, ob Elben nicht die Geister Verstorbener sind?

In den Wurzeln der Eichen leben kleine Kobolde. Boshafte Elben, welche die Menschen in den Häusern so lange plagen, bis sie etwas zum Essen kriegen. Der englische Erdgeist Puck ging aus der Verbindung eines jungen Mädchens mit einem Elb hervor. Er tritt auch als Hauskobold auf und kann sich in jedes beliebige Tier verwandeln.

Kobolde sind neckische, schadenfrohe, aber auch Wohlstand bringende Hausgeister. Der Name besteht aus einem Wort für Gemach, Haus (Englisch *cove*) und einem für walten (*old*). Ein Kobold ist also der im Haus Waltende.

Einem solchen Hausgeist genügt ein geringer Lohn. Ein Hut, eine rote Kappe, ein bunter Rock mit klingenden Schellen. Hut und Kappe hat er mit den Zwergen gemein, und unsichtbar machen kann sich auch er.

Ich habe mir mein Leben lang so einen Kobold gewünscht. Nicht des Wohlstandes wegen! Aber es hätte mir Freude gemacht, mich von ihm necken zu lassen, und natürlich hätten wir viel Spaß miteinander gehabt. Ich weiß nicht, ob mein Wunsch in Erfüllung ging. Kann sein, ich bin nur ein psychokinetisches Medium. Also jemand, bei dem materielle Systeme verrückt spielen und sich nicht an ihre physikalischen Gesetze halten. Die Dinge treiben Allotria mit mir. Oder ist es Schabernack eines Kobolds? Kobolde sind die lustigsten Wege in die Anderswelt.

Meine hellsichtigen Freunde Margot Ruis und Gerhard Kogoj haben drei schöne Zwerge in meinem Garten in Weikertschlag gesehen. Ich leider nicht, obwohl ich mich nachts, mit Parfum bestäubt und einer Flasche Rioja, auf die Lauer gelegt habe. Aber es ist ein altes Gesetz: Wünschen verwehrt die Erfüllung, und Erwartung das Erwartete.

Wer Wein trinkt und stirbt, wird nach dem Islamischen Totenbuch betrunken zum Ort der Versammlung geschickt. Ich lebe noch und widme auf Verdacht auch meinen drei Zwergen das Buch.

ELBEN-EVOLUTION

So ist es. Ist es so? Die Wesen der Anderswelt, einer älteren Schöpfung angehörend als wir, erscheinen vielleicht auf verschiedenen Stufen ihrer eigenen Evolution. Hätte das Darwin gewusst! Die stammesgeschichtliche Entwicklung der Elben durch Auslese ist bestimmt spannend.

Nein, ich glaube nicht an Darwin. Seine Lehre ist an eine Zeit gebunden, die es nicht gibt. »Stell dir Evolution ohne Zeit vor«, riet Gottfried von Einem mir posthum. »Ein gegenwärtiges Kontinuum.« Der Baum des in unendlichen Arten erscheinenden Lebens erstreckt sich in alle Universen. Ein offener, bunter, prachtvoller Fächer des Seins ohne Früher und Später.

Wir kennen nur einen kleinen Ast und ein paar Zweige. Seine Wurzeln sind uns so verborgen wie seine Krone.

Was sagt Paracelsus?

Er war ein Revolutionär, ein Visionär, ein Mann des dritten Jahrtausends. Allerdings ergab die Untersuchung seiner Schädel- und Beckenknochen, dass er eine Frau war oder wenigstens ein Hermaphrodit.

Er oder sie war der vielleicht größte Arzt. Der erste Grüne. Der erste Psychosomatiker. Ein Holist des sechzehnten Jahrhunderts, der erkannt hat, dass die Welt in Raum und Zeit ganz ist, ein lebendiges Wesen.

Er hat ein Buch über Nymphen, Sylphen, Pygmäen, Salamander und die anderen Geister geschrieben. Ich vermute, dass er Umgang mit ihnen hatte. Jedenfalls zweifelte er niemals ihre Wirklichkeit an, und er kannte zweierlei Fleisch:

»Das Fleisch aus Adam ist ein grobes Fleisch, denn es ist irdisch und sonst nichts als Fleisch, das zu greifen und zu fassen ist wie Holz oder Stein. Das andere Fleisch ist nicht aus Adam; das ist ein feines Fleisch und nicht zu greifen und fassen, denn es ist nicht aus Erde gemacht. Nun ist das Fleisch der Mensch aus Adam, der ist grob wie die Erde; diese aber ist kompakt, so dass der Mensch weder durch eine Mauer noch durch eine Wand zu dringen vermag. Er muss sich ein Loch bohren, durch welches er hindurchschlüpfen kann, denn ihm weicht nichts aus. Dem Fleisch nicht aus Adam aber weichet das Gemäuer, und dieses Fleisch bedarf keiner Türe und keines Loches, sondern es durchdringt Mauern und Wände und zerbricht nichts.

Nun sind beide Fleisch, Blut, Bein und dergleichen, was zu einem Menschen gehört und in aller Natur wie der Mensch. Dadurch aber unterschieden, dass zwei Ursprünge sind, das heißt zwei Väter. In gleicher Weise ein Mensch und ein Geist, dadurch aber von den Geistern unterschieden, dass sie Blut und Fleisch und Gebein haben. Dabei gebären sie Kinder und Früchte, reden und essen, trinken und wandeln, was die Geister alles nicht tun. Drum sind sie den Geistern gleich in Geschwindigkeit, den Menschen gleich in Gebären, Gestalt und Essen. Also sind sie Leute, die Geisterart an sich haben, und dabei auch Menschenart. Das ist ein Ding.

Wiewohl sie beides sind, Geist und Mensch, sind sie dies doch auch wieder nicht. Denn Menschen können sie nicht sein, da sie geistig in ihrem Wandel sind; Geister können sie nicht sein, denn sie essen und trinken, haben Blut und Fleisch. Drum sind sie besondere Geschöpfe, außerhalb dieser beiden. Ein Gemisch von beiden, wie eine Zusammensetzung aus zwei Stücken, die sauer und süß ist und doch nicht so erscheint; oder aus zwei Farben, die ineinanderfließen zu einer Gestalt und doch beide da sind. Der Mensch hat eine Seele, der Geist nicht.«

Seele – was ist das?

Wir wissen es nicht. Die Individualität, die Gemütsperson, der jenseitige Mensch? Und die Pflanze, das Tier, der Stein. Seele ist der jenseitige Zustand eines Wesens, in den es nicht erst durch den Tod gerät, sondern in dem es sich unbewusst immer befindet. Bewusst manchmal auch, wie es Sehern, Mystikern und Schamanen geschieht.

Der Geist hat, sagt Paracelsus, keine Seele. In alten Geschichten suchen Elben durch die Liebe eines Menschen eine Seele zu erlangen und geben dafür ihre Unsterblichkeit auf. Die Seele macht also sterblich?

Ist sie der Sturz aus dem Paradies? Der Fall aus der Einheit in die Vielfalt? Der zerbrochene Spiegel des heiligen Paulus, das Ich in Person? Die Geister haben sich nicht von der Natur getrennt, sind eins mit ihr und unsterblich geblieben. Seele ist der Makel, die Sünde.

Warum wollen die Naturgeister dann eine haben? Vielleicht, weil sie der Reisepass in andere Dimensionen des Seins ist. Die Fähigkeit, sich zu entfalten, zu entwickeln, zu wachsen. Der Prozess beständiger Veränderung, dem die Naturgeister nicht unterworfen sind. Sie bleiben sich selbst gleich.

Ich zitiere aus (m)einem Paracelsusspiel, in dem die schöne Wasserfrau Theophrastus fragt: »Wie hätt' ich ohne Seele so in Liebe fallen können zu dir?« Und Paracelsus antwortet: »Die Seel' ist nicht die letzte Wirklichkeit. Sondern der Kochtopf auf dem Herd des Lebens, in dem wir immer neu uns zubereiten, so lang, bis das Gericht Gott schmeckt. Du bist nicht aus Adams grobem Fleisch. Sondern aus Mensch und Geist gemischt und keins von beiden. Du schmeckst Gott, wie du bist, und brauchst so wenig eine Seel' wie Stiefel der Fisch ... Der alte, wunde Punkt. Die Seel', ihr Hirschköpf', ist der Sündenfall! Fürwitzig hervorgetreten aus Gott ist sie wie ein Hemdzipfel aus der Hose. Ist das vielleicht hübsch? Die Geister bleiben eingegossen in Ihn und lösen sich am Ende ganz in Gott auf. Vielleicht beneid' ich euch darum.«

Das Sein der Geister ist zeitlos. Das Werden der Menschen ist, wie ihr Vergehen, nur in der Zeit möglich. Ewiger Geist und unsterbliche Seele. Sollte Zeit das Wesen der Seele sein?

Von ihrer Wohnung

In seinem berühmten »Liber de Nymphis, Sylphis, Pygmaeis et Salamandris et de caeteris Spiritibus« schreibt Paracelsus weiter:

»Ihrer Wohnungen sind vielerlei. Je nach dem Element, eine im Wasser, eine in der Luft, eine in der Erde, eine im Feuer. Die im Wasser sind Nymphen, die in der Luft Sylphen, die in der Erde Pygmäen (Zwerge), die im Feuer Salamander. Wiewohl der Name der Wasserleute auch Undinen (von *unda*, der Welle), von den Luftleuten Sylvestres (Waldleute), von den Bergleuten Gnomi (Zwerge) und von den Feuerleuten neben Salamander auch Vulkani lautet.

Wie ihr nun wisset, dass es vier Elemente gibt, Luft, Wasser, Erde und Feuer, so wisset ihr auch, dass wir Menschen aus Adam in der Luft stehen und gehen und von ihr umgeben sind, wie der Fisch vom Wasser. Ohne Luft vermögen wir ebenso wenig zu sein, wie der Fisch ohne Wasser. Wie nun der Fisch im Wasser seine Wohnung hat, und das Wasser ist an dem Ort seine Luft, darin er wohnt, so ist dem Menschen die Luft sein Wasser gegenüber dem Fisch. Also ist jedes Ding in sein Element hineingeschaffen, darin zu wandeln. Die Undinen, zum Exempel, dass sie im Wasser wohnen. Das Wasser ist ihnen gleichermaßen gegeben wie uns die Luft; und wie wir uns verwundern, dass sie im Wasser leben sollen, so verwundern sie sich über uns, dass wir in der Luft leben. Ebenso ist es mit den Gnomen in den Bergen. Die Erde ist ihre Luft und ihr Chaos. Denn im Chaos lebt ein jegliches Ding, das heißt, ein jegliches Ding wohnt im Chaos und geht und steht darin.

Nun ist die Erde nur Chaos für die Bergmännlein, denn sie gehen durch feste Mauern, durch Felsen, durch Steine wie ein Geist. Drum sind ihnen diese Dinge alle nur Chaos, also Nichts. Das ist so viel oder so wenig als uns die Luft hindert zu gehen; ebenso wenig werden sie gehindert durch Berge, Erde und Felsen. Und so leicht es uns ist, durch die Luft zu gehen, und wie uns die Luft nicht widerstehen kann, so leicht sind ihnen die Felsen und Schroffen. Denn alle diese Dinge sind ihnen Chaos, die für uns kein Chaos sind. Denn eine Mauer, eine Wand widersteht uns, so dass wir nicht hindurch können, ihnen aber ist sie Chaos. Drum gehen sie hindurch, und es ist ihnen ihre Luft, worin sie wohnen und gehen, wie der Mensch in der Luft, die zwischen Himmel und Erde liegt. Und was das Chaos zu grob ist, das ist das Geschöpf desto feiner, und was das Chaos zu fein, das ist das Geschöpf desto gröber. So haben die Bergleute ein grobes Chaos, drum müssen sie desto feiner sein, der Mensch aber hat ein feines Chaos, drum ist er desto gröber.

In dieser Art teilt sich das Chaos ein und zugleich seine Einwohner, in Natur und Eigenschaft je nach ihrem Ort zu wandeln. Da schadet weder Ertrinken noch Ersticken, noch Verbrennen. Denn diese Dinge sind nur Luft für die Geschöpfe, welche darin wohnen. Ein Jeglicher bleibt in seinem Chaos gesund, und in einem andern stirbt er.

Bezüglich der Dinge aber, die sie essen und trinken, müsst ihr folgendes verstehen. Das Wasser tränket uns, aber die Gnomen nicht, noch die Nymphen und die anderen zwei. Nun weiter: Ist für uns das Wasser geschaffen, um unseren Durst zu löschen, so ist für sie ein anderes Wasser erschaffen, welches wir weder sehen noch zu ergründen imstande sind. Trinken müssen sie, aber das trinken, was in ihrer Welt ein Trank ist. Essen müssen sie gleichfalls, aber wie es ihrer Welt entspricht. Von diesen Dingen ist nichts weiter zu ermitteln, als allein, dass ihre Welt ihre eigene Natur hat, eine andere als die unsrige.

Von ihrem Tag- und Nachtleben, ihrem Schlafen und Wachen, wissen wir so viel, dass sie alle gleich den Menschen ruhen, schlafen und wachen, ganz so wie diese. Dabei gehört ihnen die Sonne und das Firmament so gut als uns. Also die Bergmännlein haben die Erde, und diese ist ihr Chaos, doch ist diese ihnen nur Luft und keine Erde, wie uns.

Daraus folgt, dass sie durch die Erde sehen, wie wir durch die Luft und dass die Sonne für sie durch die Erde scheint, wie uns durch die Luft, und dass sie die Sonne und den Mond sowie das ganze Firmament vor Augen haben wie wir Menschen. Auch die Undinen, deren Chaos das Wasser ist, werden durch dieses am Genuss der Sonne nicht gehindert. Denn wie wir der Sonne durch die Luft genießen, so sie durch das Wasser. Und gleichermaßen die Vulkanischen durch ihr Feuer. Und wie uns auf Erden die Sonne bescheint und die Erde fruchtbar macht, so steht es auch bei jenen. Hieraus folgt, dass es auch bei ihnen Sommer und Winter, Tag und Nacht gibt und dergleichen.

Der Personen halber sollt ihr wissen, dass sie unterschieden sind: die Wasserleute, Männer und Frauen, halten gleiches Maß inne wie eine menschliche Person, die Sylvestres aber nicht; sie sind rauher, gröber, länger und stärker als die beiden. Die Bergleute sind klein, etwa zwei Spannen hoch. Die Salamander sind lang, schmal und dürr. Ihre Stätten und Wohnungen aber liegen in ihrem Chaos.«

Was weiß der Fisch vom Wasser, denke ich manchmal. Was wissen wir von der Welt?

Wie sie zu uns kommen und sichtbar werden

Paracelsus sagt: »Alles, was Gott erschaffen hat, lässt er den Menschen offenbar werden und erscheinen, so dass den Menschen die Geschichte aller Geschöpfe kundbar ist oder wird. So hat Gott auch diese Geschöpfe den Menschen gelegentlich vorgestellt, uns sie sehen lassen, sie mit den Menschen wandeln und reden lassen, damit der Mensch wisse, dass es solche Geschöpfe in den Elementen gebe, die unseren Augen so wunderbar erscheinen. Und damit wir über die Dinger gute Berichte haben, sind die Wasserleute zu gutem Wissen der Menschen nicht allein mit Augen gesehen worden, sondern sie haben sich auch mit ihnen vermählt und ihnen Kinder geboren. Desgleichen die Bergleute; man hat sie nicht nur gesehen, sondern auch mit ihnen geredet, Geld und Streiche von ihnen erhalten und dergleichen. Dasselbe gilt von den Waldleuten ... Auch von den ätnaischen Vulkanern, die sich gleichfalls den Menschen vorgestellt und gezeigt haben, so dass man weiß, wer sie sind und was man von ihnen zu halten hat. Denn gleichcs soll in seinesgleichen erkannt werden. Das heißt, der Mensch ist ein Geist und ein Mensch, ewig und sterblich zugleich.«

Ewig und sterblich zugleich

Unvergleichliche Paracelsa! Ihre Augen waren so hellsichtig wie ihr Gemüt. Gott hat, so können wir nach ihrer Lehre annehmen, die Elementargeister als Hüter über die Natur gesetzt. Sie bewachen die Schätze der Erde und der Meere. Diese sollen nicht habgierig ausgebeutet werden, sondern sind nach und nach und von Land zu Land demütig zu heben. Elementargeister, die von ihrem Wächteramt befreit sind, zeigen als Vorboten Armut, Zerstörung und Untergang an. »Selig werden die Leut' seyn, denen der Verstand geoffenbart wirdt werden«, sagt Paracelsa.

Also selig sind wir ganz bestimmt nicht! Ob wir es je werden? »Seliger ist es zu beschreiben die Nymphen, dann zu beschreiben die Orden: Seliger ist zu beschreiben den Ursprung der Rysen, dann zu beschreiben die Hoffzucht: Seliger ist zu beschreiben Melosinam, dann zu beschreiben Fechten und Frawan dienen.«

Oder, wie der Paracelsus-Forscher Erwin Jaeckle diese Seligpreisungen in unsere finstere Zeit übersetzt: »Seliger wäre es, sich die Nymphen zu gewinnen, als ihre Wasser zu vergiften; seliger wäre es, den

Geistern der Winde zu lauschen, als die Lüfte zu vergasen; seliger wäre es, die Hüter unserer Erdschätze zu achten, als ihre Lager auszubeuten; seliger wäre es, über den Feuern zu wachen, als sie in Atommeiler zu bannen.«

Der Einstein der Elemente

Kann man Paracelsus-Paracelsa so nennen? Das kommt darauf an, ob und auf welche Weise die Raumzeitstruktur das Wesen der Elemente bedingt. Denn relativ sind sie, nach Theophrastus Bombastus, auf jeden Fall.

Er nennt das Element, in dem die ihm zugehörigen Geister leben, jeweils ihr Chaos. Und dieses Chaos erscheint immer wieder als ein anderes. Unser Wasser ist die Luft der Undinen, unsere Erde die Luft der Gnomen, unsere Luft der Himmel der Salamander. Soviel ich weiß, ist Paracelsus der Einzige, der die Relativität der Elemente erkannt hat. Diese Erkenntnis könnte unser ganzes Weltbild verändern!

Möge ein Neugieriger, eine Neugierige diese Zeilen lesen! Ein Mensch, der die Welt – wie es ihr zusteht – immer wieder in Frage stellt. Möge er oder sie dann den ganzen Paracelsus studieren! Und vielleicht neue Elemente der Wirklichkeit entdecken, die unsere durch Gewohnheit erblindeten Augen nicht wahrnehmen.

Ich denke an eine Relativitätstheorie der Elemente, eine Relativitätstheorie der Geister, eine Relativitätstheorie des Lebens.

Unser Chaos – das Element, in dem wir Menschen leben – ist *eine* Wirklichkeit. Wir können sie nicht verlassen, nicht ganz. Wir würden sonst ersticken, ertrinken, verbrennen. Aber ist sie darum die einzige? Wie viele Elemente hat die Wirklichkeit, und wie viele Wirklichkeiten gibt es?

Nymphen tauchen zuweilen aus ihrem Chaos auf und sitzen am Ufer. Einmal, nur ein einziges Mal sollte jeder Mensch sein Chaos verlassen und über die Ufer seiner Wirklichkeit steigen. Und alles wäre verwandelt.

Könnten wir lernen, uns selbst zu relativieren! Der Mensch ist nicht das Maß aller Dinge.

Er ist weder besser noch wichtiger als die anderen Wesen der Erde. Dass wir uns für die Krone der Schöpfung halten, die Herrenrasse des Planeten, ist der gewiss schändlichste Rassismus in der langen Geschichte menschlicher Dummheit und Arroganz. »Geht und machet euch die Erde untertan!« ist eine schlimme und falsche Übersetzung der Bibel, und warum wird sie nicht korrigiert? In Wahrheit heißt es, und zwar wörtlich: »Geht und hütet, behütet die Erde!« Wären wir dann nicht Brüder und Schwestern der Geister?

Aber vielleicht sind sie keine Geschwister wie Baum, Blume und Tier. Es könnte sein, dass sie Wesen einer sehr hohen Ordnung und unberührbar für uns sind.

Waren sie Götter?

Viele halten die Riesen und Zwerge, das ganze Volk der Elbischen für Gottheiten früherer Kulturen. Aus den Leichnamen der Vergangenheit stiegen sie, unter dem bösen Blick der katholischen Päpste, als Dämonen, Kobolde und Naturgeister wieder in uns auf.

Riesen wären demnach Person gewordene Sturmwinde und andere Naturkatastrophen. Sie sind die ältesten Unsterblichen überhaupt. In griechischen Sagen waren sie von beängstigender Größe, mit geschuppten, in Schlangenköpfen endenden Füßen. Auch in der Folklore der Eskimos und nordamerikanischen Indianer treiben sie sich herum, und auf weite Entfernungen riechen sie Menschenfleisch.

Im alten Ägypten war Schu der Gott der Luft, der in der frühphönizischen Mythologie über das Wachsen und Werden aller Dinge wachte. In Babylonien und Assyrien herrschte der Wetter- und Regengott Adad über die Winde. Bei den Griechen waren es vier Gottheiten: Boreas, Zephyros, Euros und Notos, alle Söhne der Morgenröte und des Himmels. Typhon, ein Sprössling von Erde und Unterwelt, verkörperte die

Vulkane. Auch die halb frauen-, halb vogelgestaltigen Harpyien waren Sturmdämoninnen.

Beim Feuer unterschied man zwischen dem himmlischen heiligen und dem gewöhnlichen Herdfeuer, und jedes hat seine Götter.

Die Sumerer glaubten, die Welt wäre aus Wasser entstanden, und der Meergott Poseidon ist älter als Zeus. Die griechischen Nymphen sind an Quellen wohnende niedere Gottheiten.

In den Liedern der isländischen Skalden war der erste Unsterbliche Ymir, der Stammvater der Riesen. Die Götter Odin, Wili und We erschlugen ihn. Aus seinem Fleisch entstand die Erde, aus seinem Blut das Meer, aus seinem Schädel das Himmelsgewölbe. Seine Knochen wurden zu Bergen, seine Haare zu Bäumen.

Odin, Wili und We bauten sich Paläste im Göttergefilde Asgard, von dem die Regenbogenbrücke Bifröst nach Midgard führte, dem Land der Erdlinge. Es gab neun solcher Welten und gibt sie vielleicht immer noch: Muspelheim, Albenheim, Asenheim, Wanenheim, Windheim, Mannheim, Jötunheim, Myrkheim und Niflheim. Sie werden entsprechend von Muspelsöhnen, Lichtelben, Asen, Wanen, Seelen, Menschen, Riesen, Zwergen und Toten bewohnt. Alle liegen unter der schützenden Krone der Weltesche Yggdrasil, die sich im Mittelpunkt des Alls erhebt.

Die Welt der Toten, die neunte Welt, liegt – wie die

der zwergischen Unsterblichen – unter der Erde. Unterirdische beide, Elben wie Tote.

Odin, der höchste der germanischen Götter, ist ein Gott der Nacht, des Zaubers, der Toten. Als Führer der im wilden Heer dahinziehenden Seelen jagt er donnernd durch den schwarzen Himmel. Und wie die Elben hat er die Fähigkeit, sich zu verwandeln.

Alle Frühzeiten sind dunkel. Die der Menschen, die der Elben, die der Götter.

Oder waren sie Menschen?

Die Schotten unterschieden ihre Feen in die »seelie court«, die glückbringende Schar, und die »unseelie court«, rachsüchtige Geister der Toten.

In Wales und Irland betrachtete man sie als Einheit. Man nannte sie »daoine side«, Bewohner der Feenhügel, weil ihre Paläste in den grünen Hügeln versteckt lagen. In irischen Geschichten und Liedern wird ihre Spur Tausende von Jahren zurückverfolgt, bis zur Zeit, in der das Volk der Firbolg auf der Insel lebte. Bis zu jenem Maimorgen, an dem eine Wolke den Nordhimmel verdunkelte. Drei Tage hing sie über dem Herzen Irlands. Als sie sich auflöste und in Schwaden aufs Meer hinaustrieb, blieben Scharen glitzernder Feenkrieger zurück.

Niemand weiß, woher sie kamen und wie lang ihre Herrschaft währte. Die Vorfahren der Gälen vertrieben sie. Nach ihrer Niederlage suchten die Tuatha – das Volk der Göttin – Zuflucht in der Unsichtbarkeit. Sie verbargen sich in den Hügeln. Man nannte sie »daoine side« oder »doane shi«, friedliche Leute, gute Leute. So waren sie also harmlos geworden, grüngekleidet und scheu.

Im Lauf der Jahrhunderte wurden sie immer kleiner. Die Prinzen der Feenwelt ritten, statt auf Pferden, auf Grashüpfern und trugen Rüstungen aus Fischschuppen. Sie lebten nicht länger in Hügeln, sondern in hohlen Eichen, den Kelchen der Sumpfdotterblumen oder unter den Blättern der Birken und Erlen. Irgendwann schwanden die Heldenfeen und gingen in der großen Schar der Erdfeen auf, die seit Anbeginn der Welt Wald, Feld und Gewässer bevölkern.

Sterbliche, denen es gelungen war, in ihre leuchtenden Königreiche zu schauen, berichteten von Feenbegräbnissen. Die tote Fee wurde auf einem Rosenblatt getragen, und die Trauernden ritten auf Nachtfaltern und Schmetterlingen in die Bedeutungslosigkeit.

Demnach wären Feengeschichten nur Erinnerungen an die Urbevölkerung eines Landes, die von Eroberern besiegt und entmachtet wurde. Die Unterlegenen zogen sich in unwegsame Gegenden, in unterirdische Verstecke zurück und kamen nur heimlich in der Nacht daraus hervor. Das ist die historische Feentheorie.

Der große Evans-Wentz erschloss uns nicht nur die tibetischen Totenbücher. Er war auch als Feenforscher ein Pionier. Für den Beweis ihrer Existenz erhielt er akademische Grade von Oxford und Rennes. Und wer waren sie wirklich? Das entscheiden Sie selbst!

Quantengeister

Seit die neue Physik die cartesianische Trennung von Beobachter und Beobachtetem für ungültig erklärt hat, wissen wir: Der Beobachter verändert das Beobachtete, wird eins mit ihm. Jedenfalls auf der subatomaren Ebene, wo feste Körper sich ins Unbestimmte, Unbestimmbare auflösen.

Erinnert das nicht an die geisterhafte, schillernde, sich beständig verwandelnde Feenwelt?

Elben sind Naturgeister. Elben sind ehemalige Götter, deren Macht und Größe dahinschwand. Elben sind Menschen. Elben sind gefallene Engel. Elben sind Tote. Elben sind riesig. Elben sind winzig. Elben sind …

Durch Ihre Art, Elben zu sehen, entscheiden Sie – wer oder was Elben sind. Womöglich gar die Quantengeister, die Teilchengespenster der Physik? Quarks, Elektronen, Positronen, Neutrinos, Mesonen und so fort. Lauter Teilchen-Zwerge und Kobolde, *little people*, das kleine Volk. Sie necken uns, verwandeln sich beständig, auch ineinander, und Raum wie Zeit sind für sie Luft. Abenteuerlich, was sie alles können! Noch viel mehr als die Feen, die wir Dummköpfe aus unserem Leben vertrieben haben und mit ihnen die Unschuld, die Anmut, den Zauber.

Heimlich sind sie wiedergekehrt. Nur hat niemand sie unter ihren Tarnkappen erkannt. Ich kann sie beinahe lachen hören, immer schon haben sie ja Scherz und Schabernack mit uns Menschen getrieben. Dies aber ist ihr lustigster Streich! Als Elementarteilchen haben die verbannten Elementargeister Zuflucht in den Atomen gefunden, wo sie keiner vermutet, schon gar nicht die Physiker. Die zerbrechen sich den Kopf über sie und kassieren Nobelpreise dafür. Akribisch sammeln sie, wie seinerzeit die Brüder Grimm, Mythen und Märchen, ihre Zaubergeschichten und zeichnen sie auf.

Das ist gut so. In Märchen erfahren wir mehr über die Welt als in der Zeitung, und Mythen kommen der Wahrheit näher als die ganze Wissenschaft.

Sieht man sie überhaupt?

Normalerweise nicht. Aber normalerweise sieht man auch keine Seelen. Und bisher hat noch kein Physiker Teilchen gesehen! Unsichtbar spuken sie in der Wilsonkammer wie die Geister in ihrem jeweiligen Element. Der Teilchenphysiker, dem ein Teilchen erscheint, käme sofort auf die Psychiatrie.

Das Erscheinen von Feen ist nicht ganz so ungewöhnlich und war früher die Regel. Es soll auch heute ganz probate Mittel geben, um sie zu erspähen. Man kann sich einen Trank aus wildem Thymian brauen, über die rechte Schulter schauen oder unter einem Holunder liegen. Ich habe, wie die Keltenforscherin Sills-Fuchs mir vor langer Zeit riet, in Bingelkrautwasser gebadet. Auch auf die Uhus wäre zu achten, in Schweden hält man sie, im Zwielicht des Waldes, für seine Elben.

Sollten Sie ein bisschen Angst bekommen, dann vergewissern Sie sich, dass fließendes Wasser in der Nähe ist. Fließendes Wasser beschützt vor Feen. Eisen und Salz auch.

Lewis Carroll war der hellsichtige Poet und Prophet der Quantenphysik. »Alice im Wunderland« und »Alice hinter den Spiegeln« sind vom Geist und den Geistern der Quantenwelt erfüllt, und in seinem Elbenbuch »Sylvie und Bruno« gibt er uns einen guten Rat: »Welches ist die beste Zeit, um Feen zu sehen? Ich denke, darüber kann ich euch wohl etwas sagen. Die erste Regel lautet: Es muss ein sehr heißer Tag sein. Und ihr müsst etwas schläfrig sein, aber auch wieder nicht zu schläfrig. Und dann solltet ihr euch auch ein bisschen feenmäßig fühlen.«

»Nicht geradeaus!«, hat mein Mann Gottfried von Einem, der selbst elbensichtig war, immer wieder zu mir gesagt. »Aus den Augenwinkeln musst du schauen, wenn du sie sehen willst.« Und auf meine Frage, woran man sie erkennt: »An ihrem Duft.«

Wer Wesen der Zwischenwelt wahrnehmen will, muss selbst ein wenig zwischen den Welten leben. Nach Kant ist die andere Welt ohnedies nur eine andere Anschauung. Der Lidschlag zwischen zwei Anschauungen wäre demnach das Zwischenreich.

In diesem Lidschlag aber lösen Raum und Zeit, wie wir sie kennen, sich auf. Beide sind von Rissen und Spalten durchzogen, und ein einziger Schritt entfernt uns, vielleicht für immer, von allem Vertrauten. Die Reise in die Feenwelt machen wir ohne Kompass, es gibt keine Landkarte, und fortwährend verändern sich ihre Grenzen. Alles ist schöner, aber auch unbestimmter. Nicht mehr ein-, sondern vieldeutig. Sogar das Licht ist feenhaft und so, als bekäme die Sonne ihren Glanz vom Mond.

Nicht nur William Blake!

Auch andere Dichter fanden Eingang in die Welt der Elben und Feen. Aber William Blake ist einer meiner liebsten. Schon als kleiner Bub sah er Engel in einem Baum. Später entdeckte er, wie vor ihm schon Konfuzius, dass Erde und Luft von fremden Wesen erfüllt sind. Sie nehmen Anteil an den menschlichen Schicksalen, sind vielleicht auf geheimnisvolle Weise mit ihnen verknüpft.

Als Einstein, so sagt man, im Gras lag und den Wolken nachschaute, empfing sein Geist die Relativitätstheorie. William Blake lag auch im Gras und sah ein Feenbegräbnis. Eine lange traurige Prozession. Liselotte Anton, die langjährige Sekretärin des Wiener Burgtheaters, lag nicht im Gras, sondern suchte Schwammerln im Wald. Dabei lernte sie eine fremde Frau kennen, die Tochter des Sargtischlers aus Eisgarn. Als Kind musste sie mit dem Schubkarren einen Sarg zu einer weit entfernten Leiche führen. Unterwegs an einem Teich, und es war schon fast Mitternacht, stand eine Hochzeitsgesellschaft. Die Braut im Schleier, der Bräutigam mit Zylinder, aber die Hochzeitsgäste trugen allesamt Masken. Auf dem Rückweg waren sie immer noch da. Sie fischten. Ich vermute, die Leute trugen gar keine Masken. Sie sahen wirklich so aus.

William Wordsworth nahm die Nähe unsichtbarer Gefährten wahr, und John Keats gestand, ehe er starb, einem Freund: »Vor ein paar Tagen, während einer Übungsstunde, floss ein Sonnenstrahl in den Raum und mit ihm eine ganze Schar von Wesen; mit ihnen entschwand ich nach Oberon und ins Feenland.«

Swedenborg sprach mit Engeln. Sir Conan Doyle, der literarische Vater des Sherlock Holmes, nahm in seinem Tudor-Herrenhaus den kleinen Selwyn James an der Hand und sagte: »Komm mit mir in den Garten, wir wollen sehen, ob wir Feen finden.« Er flüsterte dem Kind noch zu, dass Elben und Feen sich nur einem Sterblichen zeigen, der an sie glaubt. »Wer sehen will, muss inbrünstig glauben.« Und weil beide inbrünstig glaubten, der Mann und das Kind, öffnete sich ihnen das Zauberreich.

Elsie und Frances, zwei kleine Mädchen – Cousinen, zehn und dreizehn Jahre alt – spielten im Sommer 1917 am Moorrand des englischen Dorfes Cottingsley mit Elben und haben sie sogar fotografiert. Auf den Bildern, die nie als Fälschung entlarvt werden konnten, sahen sie genauso aus, wie man sich Elfen und Gnomen vorstellt. Der Gnom trägt schwarze Hosen, ein rötliches Wams und eine spitze hellrote Mütze. Die Elfen mögen blau, rosa oder golden sein, mit nebelgrauen oder lavendelfarbenen Flügeln. Sie singen, tanzen und schweben. Das haben wir schon als Kinder gewusst, also kann es nicht stimmen.

Aber vielleicht stimmt es doch? Die Psyche übersetzt Unsichtbares ins Sichtbare, und jede Psyche spricht den im kulturellen Milieu erlernten Dialekt. Könnten Krokodile oder Kakadus fotografieren, zum Beispiel uns – wir würden uns über unsere Konterfeis wundern.

Als sich einmal ein Dutzend Elfen den Mädchen im Flug nähern, rühmt Elsie deren vollkommene Schönheit. Sogleich werden sie hässlich, grinsen sie an und verschwinden. Es scheint ein Gesetz zu sein, dass alles, was wir in Wort und Tat festhalten wollen, sich in sein Gegenteil verkehrt. Ein tragisches und unheimliches Gesetz, dem auch Ideologien und Religionen unterstehen.

Sherlock Holmes untersuchte den Feenfall und widmete ihm sogar ein Buch. Als die Kinder fromme alte Damen wurden, widerriefen sie alles. Da waren wohl der Herr Pfarrer und die Angst vor dem Teufel im Spiel.

Ein Liebhaber der Luftgeister ist der irische Dichter George Russell, bekannt unter dem Pseudonym A. E. Während eines Ferienaufenthalts am Meer geriet er in Kontakt mit einer Schar Sylphen und gewann ihre Freundschaft.

Lord Dowding, im Zweiten Weltkrieg durch die

Schlacht von England als dessen Retter berühmt, baute nicht nur die britische Luftwaffe aus. An Sommerabenden unterhielt er sich in seinem Garten mit Elfen.

Der herrliche Tolkien gestand einmal, dass er den »Herrn der Ringe« nicht erfunden hat. All die Geschöpfe, die uns Leser so beglückt haben, kamen in sein Professorenzimmer und erzählten ihm ihre Geschichten.

Blanche Merz führte in der Geomantie den Begriff der »Kraftorte« ein. Überall auf der Welt erforschte sie nicht nur die Kraft, sondern auch die Seele der Orte. Am oberen Genfer See näherten sich ihr filigrane, zarte, blaugrüne Wesen mit meergrünem Haar. Danach schaute sie zu ihrer und der allgemeinen Überraschung aus wie fünfzehn oder zwanzig. Sie war in eine zeitlose Welt ohne Alter eingedrungen. Das Echo dieser Welt trug sie, allerdings nur drei Tage lang, auf dem Gesicht.

Im Juli 1988 sahen mein Mann und ich auf unserer Rindlberger Wiese eine grüne Frau. Nur, für mich stand sie regungslos still, während sie sich in seinen Augen bewegte. Ich wollte hinlaufen, alles genau prüfen. »Wozu«, fragte Gottfried, »suchst du materielle Beweise für etwas, das immateriell ist?«

An einem späten Abend im April 1989 ging am Wiener Graben vor mir ein winziger Mann. Er war kniehoch, normal gekleidet, trug einen grauen Hut und war selbst grau. Er bog in die Spiegelgasse ein. Aus Angst, ihn mit meiner Neugier zu verletzen, ging ich ihm nicht nach. Leider.

In der Nacht des 3. Februar 1991 gingen zwei Wesen einer anderen Ordnung durch mein Zimmer in der Wiener Hofburg. In meinen Träumen vorher war die Wohnung zerrissen. Dann wachte ich auf – und auf einmal sehe ich zwei Personen, jede kaum größer als meine Hand, der Länge nach durch das Zimmer gehen. Hintereinander, und eine war männlich, die andere weiblich. Ich wunderte mich noch über die Sicherheit, mit der ich das wusste. Der Raum war dämmergrau, und die Wesen auch eher grau als farbig. Grau in verschiedenen Schattierungen, aber keineswegs nebelhaft. Sie nahmen mich nicht wahr und verschwanden einfach in der dicken Mauer zum Kapellenhof.

Irgendwann ging ich nachts hinter einer Zwergin über den Neuen Markt. Auch sie war, wie die anderen, grau und wohlproportioniert. Sie verschwand in einem türlosen Mauervorsprung der Kapuzinergruft.

Am 11. Mai 1995, nach dem Mittagessen, erwachte ich in der Hofburg in einem veränderten Bewusstseinszustand. Das Zimmer und meine Position in ihm waren völlig normal. Doch war der Raum von etwa fünf bis sieben sonderbaren Wesen … nein, nicht erfüllt. Denn sie waren zwar groß, aber ganz dünn. Die El Grecos sind mollig dagegen. Junge grüne männliche Wesen. Sie schienen sich nicht zu bewegen. Ich war, nehme ich an, außerhalb meines Körpers. Das ist man immer, wenn man das Unsichtbare sieht. Wer waren die dünnen Grünen? Der jenseitige Mauthe, den ich fragte, erinnerte mich daran, dass die Welten einander durchdringen. Und die Grünen, Wesen einer anderen Wirklichkeit, wären noch immer da. Mein Zimmer stehe in ihrem Wald, und ich sollte endlich lernen, Wirklichkeit im Plural der Kontraste zu sehen.

Womöglich bin ich auch eine Fee, was weiß man schon von sich selbst? Ich lernte Lisi Buchhöcker aus Weitra vor vielen Jahren auf dem Christkindlmarkt kennen. »Ich hab Sie schon früher getroffen«, sagte sie. »Als Elfe.« – »Mich?«, fragte ich ganz perplex. »Sie kamen aus dem Wald«, sagte sie. »Es war ein sehr dunkler Wald. Sie waren eine Fee mit langen blonden Haaren und trugen ein bis zur Erde fließendes hellblaues Kleid.« Ich trage nur Hosen, und ich war tizianrot. Aber wie es scheint, tauchen wir in allen möglichen Variationen unserer selbst auf. Da wir nicht wissen, wer wir in Wirklichkeit sind, können wir alles sein. Warum nicht auch eine Fee?

Kardinal Newman, 19. Jahrhundert, hielt Engel für die Ursachen von Leben, Bewegung und Licht. »Was würde ein Mensch denken«, schreibt er, »der, wenn er eine Blume, ein Kraut, einen Kieselstein oder einen Lichtstrahl beobachtet, den er für etwas hält, was in der Skala des Daseins so weit unter ihm steht, plötzlich entdeckte, dass er sich in der Gegenwart einer mächtigen Wesenheit befindet, die sich hinter den sichtbaren Dingen ... verbarg und ... diesen Dingen ihre Schönheit, Grazie und Vollkommenheit ... verlieh, ja wenn er entdeckte, dass eben diese Dinge ... Gewand und Schmuck dieser Wesenheit bilden.« Bisserl kompliziert, seine Sätze. Aber ich liebe diesen wunderbaren Kardinal, der sich auch offen und mutig zur Kommunikation mit seinem verstorbenen Sohn bekannte. In Rom wurde er als der gefährlichste Mann Englands verdächtigt.

Was ich aus seiner »Apologia« zitierte, bezieht sich zwar auf die Engel. Aber sind Engel römisch-katholisch? Engel und Elben sind viel älter als Rom. Leuchtende Wesen beide.

»Wunderbar sind die Gebärden der Geister«, schreibt Arnold Keyserling, der gestern gestorben ist, und ich höre ihn seither dröhnend lachen. »Sie alle sind im Tanz.« Erinnert das nicht an den kosmischen Tanz der Energien? Den Tanz der Moleküle, Atome und Atomteilchen. Wie oben, so unten. Im unendlich Kleinen, im unendlich Großen. Der kosmische Reigen und der Reigen der Elfen, sind sie nicht ein- und dasselbe?

Anderszeit, Andersraum

Feenzeiten sind Vollmond, die Nächte davor und danach. Die Morgendämmerung, die Abenddämmerung, die sommerliche Mittagsstunde und Mitternacht. Die Nächte zwischen den Jahreszeiten, Beltaine – die Nacht zum 1. Mai, und Samhain – die Nacht zum 1. November. Da sind die Grenzen offen, und Feen und Tote gehen um. Freitag ist der Sonntag der Feen, und am Mittwoch müssen die Sterblichen sich vorsehen, um nicht in die Anderswelt zu geraten. Manche Menschen haben auch schon in dieser Welt Feenblut in den Adern.

Feenzeit, Anderszeit – was ist sie? Studieren wir die Zeugnisse archaischer Kulturen, machen wir eine merkwürdige Entdeckung. Die frühere Menschheit kannte eine Perspektive der Wahrnehmung, in der Ereignisse ohne zeitliche Fixierung existierten. Die Volkskunde hat dafür den Begriff der Traumzeit geprägt, der wir schon bei den australischen Aborigines begegnet sind. Im Gegensatz zu uns zerstückelten sie das Leben nicht mit den Zeigern der Uhr.

»Und manchmal flogen sie auch durch die Luft hinüber in die Anderswelt«, schrieb ein unbekannter irischer Autor des 9. Jahrhunderts. Die Anderswelt, das Land hinter den Wellen, ist das Feen- und Totenreich.

Im »Book of Leinster« finden wir eine alte gälische Geschichte, in der drei Brüder sich auf eine Reise ins offene Meer begeben. Nach zahlreichen Abenteuern gelangen sie zu einer Insel, auf der Lebende und Tote in friedlicher Gemeinschaft hausen.

Wo Jenseitswelten und Menschenwelt sich berühren, sitzt auf der Grenze die Wasserfrau. In den Vorstellungen vieler Völker ist Wasser das Reich, in das die Seelen der Toten eingehen. So wird es selbst zum Totenland, oder wir kommen, wenn wir es überqueren, auf der fernsten Insel an. Wasser ist die Grenze zwischen Leben und Tod.

Ist die Fahrt der drei Brüder, sind die vielen anderen seltsamen Fahrten, von denen berichtet wird, Reisen der Seele durch die Welt des Jenseits? Ist die Anderswelt das Reich der Seele? Gehört unsere Seele dem elbischen Totenreich an?

Elfenbäume

Die ältesten Heiligtümer der Germanen waren natürliche Wälder, und vor allem die indogermanische Rasse hat immer schon Bäume verehrt. Den keltischen Druiden war die Eiche heilig. Manche Bäume haben Schatten oder Seelen, und wer einen solchen Baum fällt, muss sterben. Stirbt aber ein Baum, kann sein befreiter Geist zum Dämon werden und morden. In alten Zeiten hat man beseelte Bäume miteinander verheiratet. Sollte man das nicht wieder tun?

Der Baumelf spürt, wenn ein Mensch sich zu seinem Leib hingezogen fühlt. Freundschaft, ja Liebe entsteht zuweilen zwischen Mensch und Baum. Ich selbst bin einem Kirschbaum auf eine Weise verbunden, die ich selbst nicht erklären kann. Einmal bat ich ihn um Hilfe für einen sterbenden Kater, der schon kalt und starr zu werden begann. Ich umarmte den Baum, legte dann meine Hände auf das Tier – und sein Leben kehrte zurück.

Nicht nur in alten Märchen können wir mit Bäumen reden, und noch immer werden Bäume krank und sterben, wenn der mit ihnen verbundene

Mensch krank wird und stirbt. So geschah es der Zimmerlinde eines prominenten Notars am Wiener Kohlmarkt. Im Augenblick seines plötzlichen Herztodes verlor sie alle Blätter.

Bäume gehören einem älteren Geschlecht an als der Mensch. Sie sind Individuen wie wir. Bewusste und beseelte Wesen. Sie werden geboren, wachsen, vermehren sich, altern, leiden und gehen ein in den Tod.

Man sagt, dass Bäume einen König haben, genau wie die Elben. Das ist eine gemeinsame Seele, die über einer Baumgruppe waltet oder einem Wald. Warum sollten wir sie nicht Nymphe nennen? Oder vielleicht morphisches Feld. Baumelben oder Nymphen wären also die Seelen der Bäume und erschaffen ihre physische und spirituelle Gestalt.

Wer einen Feenbaum fällt, erleidet Unglück. So lebte in Böhmen eine Weidenfee, die sich tagsüber in die Welt der Menschen begab. Bei Nacht kehrte sie wieder in ihren anmutigen Baum zurück. Sie heiratete einen Sterblichen, gebar ihm ein Kind und lebte glücklich mit ihm. Da fällte er eines Tages – ohne zu wissen, was er tat – ihren Baum. Im selben Augenblick starb die Fee. Wissen Sie, wer Ihr Liebster, Ihre Liebste in Wirklichkeit ist?

Entrückung

Die süßen Weisen, die Thomas der Reimer in einem einsamen Wald sang, lockten eine Elbenkönigin herbei. Sie nahm den sterblichen Mann mit in ihr Reich, wo er sieben Jahre lang lebte. Dann kehrte er in die Welt der Menschen zurück. Doch als der Todesschatten auf ihn fiel, erschien ein weißes Hirschenpaar und rief ihn zurück ins Feenland.

Umgekehrt zwang König Orpheus von Thrakien mit einer Harfe, die von den Liedern der Liebe sang, einen Elbenkönig, seine durch Feenzauber gefangene Gemahlin frei zu geben. Tod als Feenzauber und Jenseits als Elbenreich …

Feenkönige entführten einst Frauen der Sterblichen, vermählten sich mit ihnen oder machten sie zur Geliebten. Schöne Nixen zogen irdische Männer in tödlicher Liebe hinab in ihr Reich.

Elbenritter, Schwanenfrauen, Schlangenbräute – so viele betörende Fallen. Schlafen Sie nie an einem grasbewachsenen Hügel ein! Treten Sie in keinen Feenring! Hüten Sie sich vor Elbennahrung! Haben Sie einmal davon gekostet, verlieren Sie Ihre Seele. Sie fallen in Feengewalt, und erst nach sieben Jahren dürfen Sie zu den Wohnungen der Menschen zurückkehren. Nach abermals sieben Jahren verschwinden Sie wieder und werden nur selten noch einmal unter Sterblichen erblickt.

Sieben Jahre? Feenminuten können Jahrhunderte dauern. Ein Mädchen glaubte, drei Tage lang in einem Feenhügel gewesen zu sein – und hatte ein ganzes Jahr dort zugebracht. Und jenen beiden schottischen Spielleuten, die den Unirdischen zum Tanz aufspielen mussten, kamen hundert Jahre vor wie eine einzige Nacht. Ein junger Mann, den die Elbin nur einmal küsste, zerfiel gleich darauf zu Asche und Staub.

Was fällt Ihnen dazu ein? Richtig, Einsteins Zeitdilatation. Der Gang einer bewegten Uhr, so besagt sie, ist für ruhende Beobachter langsamer als für Mitbewegte. Oder, ganz einfach, die Uhren gehen im Feenreich anders. Vor allem, weil es dort keine gibt.

Gibt es auch keine Zeit? Die Quantenphysik kennt eine raumlose, zeitlose, akausale Dimension des Seins. Mystiker aller Religionen nannten sie Ewigkeit. Nachts im Traum treten wir in diese Dimension ein. Oder wenn wir sterben. Oder wenn wir entrückt werden.

Sind auch Traum und Tod Entrückungen? Entrückte Menschen sind geisterhaft. Sie schlafen, und nur von Zeit zu Zeit wachen sie auf.

Verwandlungen und Verwünschungen unterscheiden sich darin, dass das Verwandelte bis zur Erlösung in seine neue Gestalt gebannt ist. Allen Augen sichtbar! Während das Verwunschene unseren Sinnen entrückt wird. Das Verwandelte bleibt leiblich. Das Verwunschene verschwindet und kann nur bedingungsweise leibhaft werden. Das Verwunschene ist entrückt.

Sollen wir uns wünschen, verwunschen zu sein?

Die Todesgöttin

Sie ist die schwarze Erdmutter und der leichenblasse Tod: Holda und Hel, Liebe und Tod. Göttin der Unterwelt und Königin aller Elben. Weiß wie Milch. Weiß wie Schnee. Weiß wie die Lepra.

Als Frau Holle sitzt sie am Brunnen, dem Eingang ins Totenreich. Auf dem Grund des Wassers erwartet uns das schöne Land, voll von Wiesen und Blumen. Holla, die Schnee- und Nebelfrau, ist Herrin des Reichs unter dem Wasser. Herrin auch der drei Spinnerinnen. Der germanischen Nornen, der griechischen Moiren. Drei Schicksalsgöttinnen. Sie spinnen den Faden der Menschen, erhalten ihn und schneiden ihn ab. Drei Aspekte der Holle. Sie erscheint als Jungfrau, Braut und altes Weib. Dreifaltig, waltet sie über Geburt, Leben und Tod.

Der Hollerbaum ist ihr geweiht. Unterm Holunder leben, so erzählen alte Mythen, die Feen und Toten. Noch immer gilt er auf dem Land als heiliger Herr, vor dem man den Hut zieht.

Das keltische Jahr beginnt im November mit einem großen Totenfest: Halloween, unser Allerheiligen und Allerseelen, obwohl beide uns fremd sind. Denn die von Rom zerstörten Kelten sind unsere Ahnen! Von ihnen stammen wir ab, und ihre Anderswelt ist unsere heimliche Heimat. Eines Tages werden wir uns vielleicht wieder zu ihr bekennen.

Halloween ist durchwirkt von Holla, der Herrin der Toten. Da zeigen die Seelen sich als Kröten, die heiligen Tiere der Göttin. Sie springen durch die Luft und ziehen als weiße Nebel dahin.

Die Erscheinungen der Novembernatur wurden als mythische Wesen erkannt, zu denen auch die Elben gehören, deren Königin Frau Holle ist. Grimm meint, dass sie zwar Geister wären, doch weniger dem griechischen *daimon* als vielmehr dem lateinischen *genius* entsprächen. Der Genius, eigentlich Erzeuger, wird als der außerleibliche Geist des Menschen verstanden. Das Christentum hat diese Wesen zu Schutzengeln gemacht und die Schar der Holden oder Elben in gute und böse Wesen gespalten. Aus dem Tanz der Feen wurde der Hexentanz.

Der Berchta-Aspekt der Göttin ist ihr wilder, dämonischer Teil. Ihre Zeit ist die zwischen dem Christ- und Dreikönigstag. Mit Wolf- oder Fuchsschwanz und Gänsefuß – die Attribute deuten ihre Jenseits- und Wassernatur an – führt sie ihr gespenstisches Gefolge durch die Nacht. Ihm gehören neben den Elben, den toten Seelen und allen Ungetauften noch der Ruprecht, der Hollenpeter und der treue Eckhart an. Ein wildes Heer, das alle, die nicht sehend sind, für Schneestürme halten. Die Umzüge des Nikolaus mit seinem Knecht Ruprecht erinnern noch an die Elbenkönigin Holla und ihre Schar. Auch Holla und Berchta besuchen die Kinder. Sie belohnen und strafen.

Der Name Berchta geht auf das althochdeutsche *perahta*, die Leuchtende, zurück. Doch kann man ihn auch von *pergan*, verbergen, ableiten. Wie Odin mit seinem Wolkenhut und verhüllendem Mantel ist Frau Holle-Percht ein Todesdämon. Die Verborgene, eine Nachfahrin der uralten Verbergerin Hel. Holle, Holda, Hulda gehört zum althochdeutschen *holdo* und wurde mit *genius*, Geistwesen, übersetzt. Mit dem niederhochdeutschen *hold*, gnädig, haben unsere Holden und Unholden jedenfalls nichts zu tun.

Viele Dämonen haben ihre Zugehörigkeit zu Hel, der Verhüllerin, durch ihren Namen bekannt. Die nordischen Huldren führen sich auf *huldi*, die Verhüllten, zurück. So verrät uns die Sprache, dass Huldren als die Verhüllten Opfer der Hel sind – die Toten.

Die Holden, Huldren, Elben, Zwerge könnten also die Toten sein, die Verhüllten. Die Frage, ob sie nun sterblich oder unsterblich sind, hat damit ihre Antwort gefunden. Oder doch nicht? Sind Tote unsterblich?

Vielleicht ist das Leben nur die verwünschende und verwandelnde Fee und Zeit ihr die Ewigkeit verhüllender Zauberstab. Zeit als Tarnkappe, als Helhut der Unendlichkeit ... Zeit, die Ewigkeit unsichtbar macht!

Mondreiche

Es gibt Sonnenreiche, in denen die Helden und Wissenschaften gedeihen. Und es gibt die Mondreiche der Magier und Träumer. Das keltische ist ein Mondreich gewesen, und vielleicht ist es das immer noch. Ob in Irland, Schottland oder dem Böhmerwald, dessen Granit die Wiege der Kelten war und zuletzt, auf der Flucht vor den Römern, ihr Sarg.

Es gibt eine äußere Geographie, und eine innere gibt es auch. So kann das Mondreich der Kelten eigentlich überall sein.

Der Tod bringt Leben, das Leben den Tod hervor. Die Kelten strebten darum die Überwindung der Materie, die Entstofflichung ihres irdischen Zustandes an, um Leben und Tod zu entrinnen. Sie hatten keinen Sinn für die als Geschichte gesammelte Vergangenheit. Ihr Weltbild war überhistorisch, ihr Kalender der Baumkreis, und sie hatten ein Baumalphabet. Die Welt erfassten sie als Ganzheit, als lebendiges Gewebe, in dem alles mit allem verbunden ist.

Wie sie selbst in unserem Bewusstsein, steigt ihr Weltbild wieder in den Wissenschaften auf. So betrachtet, sind Paracelsus und Giordano Bruno späte und zugleich frühe Kelten gewesen. Einstein und ein paar große Quantenphysiker auch.

Geburt, Leben und Tod waren so gleich für sie wie der Tag und die Nacht. Verschiedene Erscheinungen nur ein- und desselben Seins, dessen Wesen wir erst jenseits der sinnlichen Wahrnehmung erkennen. Jenseits des Menschlichen. In der Anderswelt, wo jeder von uns, ohne beim Namen gerufen zu werden, auferweckt wird.

Zuversichtlich und nicht ohne Humor sahen die Kelten dem Tod entgegen. Der Tod ist der Zeugende, und die Ewigkeit unendlich bewegt.

Während seines dreitägigen Sterbens steigt der Kelte in die drei mystischen Welten auf. Vom irdischen Körper wird er zum physischen Geist und zuletzt zum strahlenden Seelenlicht. Eine Apotheose des Todes, die wir gegen das Jüngste Gericht mit Strafe und Lohn eingetauscht haben. Ein tragischer Tausch!

Gelangt man durch die Schwarzen Löcher der neuen Physik in die Unter-, Über- und Anderswelt? Man gerät hinein und verschwindet hinter dem Ereignishorizont der alltäglichen Wirklichkeit. Der Druidennebel fällt auf die Verschwindenden. »Wir sehen nach allen Seiten hin«, schreibt ein irischer Dichter des 9. Jahrhunderts, »aber niemand sieht uns. Die Dunkelheit, der sich Adam entzog, verbirgt uns davor, gezählt zu werden.«

Noch immer entziehen wir uns der Dunkelheit und

werden gezählt. Aber nur ohne Namen und Zahl gehen wir ins Land der ewigen Jugend ein, das Reich hinter den Wellen, die Insel der Seligen. Zauberbäume sollen dort wachsen und Tiere umherstreifen, die es sonst nirgendwo gibt. Wasserpferde, Elfenkälber, schneeweiße Hunde mit roten Ohren. Eine schöne Frau mit strahlenden Augen ist schon im nächsten Augenblick eine grauweiße Krähe mit scharfem Schnabel. Der dürre graue Bettler ist zugleich Manannan, der frühzeitliche Herr der Anderswelt. In einem Sack, aus der Haut eines Kranichs gemacht, trägt er die Schätze der Welt. Sein Lager wird von heiligen Vögeln bewacht, die Reisenden auf dem Weg zukrächzen: »Tritt nicht ein! Bleib fort! Geh vorbei!«

Wir sind nicht vorbeigegangen. Noch immer stehen wir auf der Schwelle und schauen nach den Unsichtbaren aus. Aber nun wissen wir, dass wir selbst es sind, die das Unsichtbare sichtbar, die aus dem Bild- und Gestaltlosen alle Gestalten und Bilder machen. Fortwährend nimmt unser Gehirn jede Wirklichkeit auseinander und setzt sie neu zusammen. Wie die Wirklichkeit wirklich ausschaut, ahnen wir nicht einmal. Lächeln wir also nicht über Fabelwesen! Seien wir lieber traurig, dass uns immer seltener etwas so Schönes gelingt wie, zum Beispiel, die keltischen Sidhes.

Das sind große, glänzende oder schillernde übernatürliche Wesen. Von innen her Leuchtende, die heilige Orte hüten. Sie nehmen die Gestalt einer Katze an, eines Vogels oder Fisches, je nach den Umständen und dem Charakter des Eindringlings oder Besuchers. Selbst die einer anmutigen Jungfrau oder abscheulichen Hexe. Solche Stätten waren Öffnungen des Schoßes der schwarzen Erdmutter, der weißen Todesgöttin, der Elbenkönigin.

Wie leicht wir uns heute von einer Gestalt täuschen lassen! Gestalten sind immer Täuschung, die Kelten haben es gewusst. Beim Sterben, im Nebel zwischen Luft und Meer, im Zwielicht der Dämmerung, am Ufer – überall, wo verschiedene Welten einander begegnen – haben sie das Unbegreifliche greifbar zu machen versucht. Greifbar wenigstens dem Herzen, der Phantasie. So entstanden die Geschichten vom gläsernen Meer oder dem Boot aus Kristall, das schon manche Helden ins Land der Verheißung entführte.

»Ich frage dich«, sprach der Fürst zu seinem seltsamen Besucher aus einem anderen Reich, »was war der See, auf den wir jetzt blicken, in früherer Zeit?« – »Das weiß ich sehr wohl«, sagte der junge Mann. »Er war gelb. Er blühte. Er war grün. Er war hügelig. Er war eine Stätte, an der man zechte und trank. Silber barg er und Streitwagen. Ich ging hindurch, als ich ein Hirsch war. Als ich ein Lachs war. Als ich ein wilder Hund war. Als ich Mensch war, badete ich darin. Ich trug ein gelbes Segel und ein grünes Segel ... Ich kenne weder Vater noch Mutter. Ich spreche mit den Lebenden und den Toten.«

Der Feenschrei

Als ich zum ersten Mal vom Schrei der Banshee hörte, stach mich eine Nadel mitten ins Herz. In den vielen Jahren, die seither vergangen sind, suchte und fand ich ihre Spur. Der Name kommt vom gälischen *bean*, Frau, und von *sidhe*, Fee. Sie ist die Königin aller Elben und keine andere als die Weiße Göttin des Todes. Von ihrer fernen Insel wirft sie ihre Schatten auf unsere Schlösser. Wir kennen sie als Weiße Frau.

Wenn die Banshee singt, kündigt sie den Tod eines Sterblichen an. Sie zeigt sich in der Nähe des Hauses, auf dunklen Hügeln, in Gebüschen oder am Fenster des Kranken. Scharf zeichnen ihre weiße Gestalt und das silbergraue Haar sich vom Nachtblau des Himmels ab. Ein grauweißer Mantel aus Spinnweb hängt um ihren Leib, der vor Kälte oder Trauer zittert und so dünn ist, dass der Wind ihn manchmal zerbricht. Das Gesicht ist bleich wie das einer Toten, die Augen blutig vom Weinen. Sie ringt die Hände und klagt.

Ein lang gezogener stechender Ton in der Nacht, der anschwillt und wieder leiser wird, traurig und süß verlockend zugleich – so beschreibt man ihren Gesang. Sie stimmt ihn nur für die Nachfahren der großen alten Familien an. Doch der Totenschrei der Bauern ahmt ihren Gesang nach.

»Weiße Frau des Kummers«, nennen die Leute sie. »Frau des Friedens« oder »Geist der Luft«. Ihr Ruf, der Feenschrei, erfüllt uns mit Entsetzen, erfüllt uns mit Entzücken ...

Wie der Tod. Wir erwarten ihn angstvoll, und wir erwarten ihn sehnsüchtig. Er ist der verschleierte Liebhaber der Seele.

Wird er nicht von Nacht zu Nacht lauter, der Schrei der Banshee? Verkündet sie nicht der größten und ältesten aller Familien, nämlich der Menschheit, den Tod?

Und vielleicht die Auferstehung. Aber der Auferstandene und der Tote sind nicht mehr derselbe.

Ich bin kein Mensch

Ich bin kein gewöhnlicher Mensch. Auch kein ungewöhnlicher. Sondern, um die Wahrheit zu sagen, ich bin überhaupt keiner.

Ich gehöre dem Stamm der Leuchtenden an. Wir sind so hell, dass man uns selten sehen kann, obwohl wir doch immer da sind. Aber nur, wenn wir dunkler als das Licht werden, sagen die Menschen: ›Schau, ein Elb! Eine Fee!‹

Kinder sehen uns im Gegenlicht, auch wenn wir uns nicht verdunkeln. Kinder sind nämlich, was nur wenige Menschen wissen, sehr alt. Leider werden sie mit den Jahren immer jünger und dümmer, und nur wenigen gelingt es, ihre Zeit zum Kreis zu schließen. So ein Kreis ist wie eine Quelle, aus der fortwährend Wirklichkeit sprudelt. Die ganze.

Dünne Rinnsale der Wirklichkeit erscheinen dem Menschen trüb, doch die ganze ist funkelnd und klar wie ein unendlicher Tautropfen.

Elbenzeiten sind wachsende Kreise. Die Bäume, uns ähnlicher als euch, spiegeln es in ihren Stämmen wieder. Bäume sind unsere nächsten Verwandten, und erst dann kommen die Sträucher, die Blumen, das Gras. Warum das so ist, weiß ich nicht. Vielleicht hängt es mit unserer Ausdehnung zusammen. Einer Ausdehnung, welche die Menschen Größe nennen, und Alter. Denn sie unterscheiden zwischen Raum und Zeit, und beide sind für sie starr.

Wir aber pulsieren. Können uns nach allen Richtungen ausdehnen und zusammenziehen oder, in euerer Sprache, jung oder alt sein, klein oder groß. Es scheint einen Rhythmus zu geben, in dem wir das tun. Obwohl wir dabei ein Gefühl von Freiheit haben, das ihr nicht kennt. Vielleicht, weil wir uns selbst in diesem Rhythmus erkennen.

Bäume sind viel weniger starr als Menschen, aber immer noch starrer als wir. Und nur der Wind tröstet sie darüber hinweg.

Ihr Menschen habt eine – ziemlich bizarre – Entwicklung. Wir auch. Gras, Kraut, Blume, Strauch, Baum, Fee. Die Kobolde oder Zwerge, wie ihr sie nennt, stammen von den Steinen ab. Und die Melusinen, die Wassergeister, sind auch in den himmlischen Wolken zu Hause.

Ich also bin eine unsterbliche Fee. Nicht weniger unsterblich, und nicht mehr, als ein Mensch. Nur der Rhythmus meiner Verwandlung ist größer. Oder der Rhythmus meines Todes. Ich kann dir meinen Namen noch nicht nennen, weil er jenseits eueres Alphabets ist.

Weder Mann noch Frau, habe ich kein Geschlecht

in euerem Sinn. Ich bin nicht materiell, sondern, in euere Sprache übersetzt, ein Wesen zwischen Seele und Geist. Du hast mich angezogen. Nicht durch deine Neugier, nicht durch dein Wünschen. Nicht durch deine Liebe. Wenn ich sage, dass wir einander ähnlich sind – wirst du es verstehen?

Ich spreche die Sprache der Tiere, ich spreche die Sprache der Menschen, ich spreche die Sprache der Bäume. Ich habe eine Stimme, die für Menschen unhörbar ist. Tiere und Bäume können sie hören.«

Sind Feen Tote?

Ich weiß bis heute nicht, wer damals zu mir sprach. Es war der Abend des 6. Juli 1989, und Donnerstag. Dr. Jörg Mauthe war Literat, Byzantinist, Kulturstadtrat, Programmdirektor unseres Fernsehens und ein alter Freund. Als er im Sterben lag, vereinbarten wir, jeden Donnerstag die Plätze zu tauschen. Ich würde dann an seiner Stelle tot sein und er, an meiner, lebendig. Mit ihm konnte man so etwas planen, denn er war Bürger zweier Welten.

Tatsächlich waren die Donnerstage nach seinem Tod nicht ganz geheuer,und nach zwei Jahren diktierte er mir das Donnerstagebuch, in dem er mir sein posthumes Leben beschrieb.

Damals aber, vom 1. bis zum 5. Juli, drehte das Österreichische Fernsehen im Waldviertel einen Film über Geomantie, in dem ich außergewöhnliche Zonen mit Pendel und Wünschelrute erforschte. Ich schlief dabei fast vor laufender Kamera ein. Professor Dr. Hubacek, Physiker und Chemiker, maß derweilen meine Ohm, also den elektrischen Widerstand meiner Leitfähigkeit. Je höher der Widerstand ist, umso weniger Energie kommt durch. Bricht der Widerstand zusammen, wird Energie ohne Verlust geleitet. Die Instrumente an meinen Fingerkuppen ergaben 400 Ohm, ein normaler Mensch hat aber nur 50. Große Bestürzung im Team, man wollte mich ins nächste Spital schaffen. Was für mich überhaupt nicht in Frage kam. Ich bin kein Hypochonder und drehte natürlich weiter. Zuletzt in der »Steinernen Stube« bei Großschönau, einem der gewaltigsten Kraftplätze überhaupt.

Danach setzte ich mich in Rindlberg an meine Schreibmaschine, und der Elb war da. Ohne Vorwarnung. Denn ich schwankte zwischen einem neuen Kriminalroman oder doch wieder einem Theaterstück, erwartete also keine Fee. Ein Zusammenhang mit den 400 Ohm war mehr als wahrscheinlich. Gottfried meinte, die Tage zuvor, in denen ich wie eine Tote herumging, waren meine Inkubationszeit. Tatsächlich war das Wesen zwischen Seele und Geist der Auftakt zum zweiten Mauthe-Buch. Aber sprach von Anfang an der tote Stadtrat zu mir? Ich versuchte es mit einem Gespräch. Was ich auch fragte, die Antworten kamen, wie immer, mit Lichtgeschwindigkeit. Eigentlich kamen sie sogar knapp vor der Frage. Und das geschieht auch jetzt noch, wenn ich mit Toten rede.

Du zweifelst, sagte der Elb. (Wenn ich nicht an dich glaube, gibt es dich trotzdem?) Nicht für dich. Dein Glaube ist der Spiegel, in dem ich erscheine. (Erschuf dich nicht meine Sehnsucht nach dir?) Nein. Was du selbst erschaffen hast, würdest du kennen. Mich kennst du nicht. (Werde ich lernen, dich zu kennen?) Wenn du es willst. Wenn du frei dafür bist. (Ohne falsche oder sogar richtige Vorstellung?) Ein leerer Spiegel. (Du sagtest, ich wäre dir ähnlich.) Wärest du dichter, könnte ich nicht in dich eindringen. Du bist schon ein wenig durchlässig, und ich bin es ganz. (Also kann jeder in dich eindringen?) Kann man in Luft eindringen? In Licht? (Dein Wesen ist widerstandslos?) So kannst du es nennen, obwohl es nicht stimmt. Denn ich kann auch Wind sein und Sturm. Mein Leuchten ist nicht nur Ruhe, es ist auch Bewegung. (Ein Lichtwirbel?) Dein Wort kommt meiner Wirklichkeit nahe. (Sagt man darum, dass ihr tanzt?) Mit Menschentänzen hat das nichts zu tun. Haben Lichtwirbel Beine? Wir haben mit euerer Anatomie nichts gemein. (Keine Körper?) Keine Beine, keine Leiber, keine Kleider. Nichts von alledem. Obwohl man uns so auch sehen kann. Wer das Unvertraute fürchtet, verwandelt es in Vertrautes. Wer Angst in den Augen hat, sieht nicht viel. (Und die Musik, die man Euch zuschreibt?) Wir spielen sie nicht. Wir singen sie nicht. Diese Musik sind wir selbst.

Am nächsten Morgen zeigte ich Gottfried das nachts getippte Gespräch. Er meinte, dahinter steckt Mauthe. Natürlich hätte er jetzt eine andere Gestalt, oder keine. Aber von mir, fragte ich ewige Zweiflerin, ist es nicht? Auch von dir, sagte Gottfried. Und von einem sehr fernen Wesen.

In einem zweiten Elbengespräch fragte ich, wer er sei. Alles und nichts, sagte er. Du hast noch immer nicht gelernt, dass Grenzen Bewegungen sind. Oder, genauer, die Brüche zwischen unterschiedlichen Bewegungen. (Hast du mir das Donnerstagebuch diktiert?) Nein, du hast es selber geschrieben. Abgeschrieben von mir, wie der Maler sein Bild nach der Natur malt. (Ich war verwirrt. Redete ich mit einem Stadtrat oder Elb?) Die Vielfalt ist in Abhängigkeit voneinander, die Einheit nicht. Aus der Einheit kannst du nur als Widerspruch treten. Ich bin *wir*. Ein vielstimmiger Chor. (Kann ich die Stimmen unterscheiden?) Warum willst du das? Denk einfach, du rufst – deinen Neigungen entsprechend – Informationen ab. Ich verwende die Vokabeln dieser Zeit, weil du sie leichter verstehst. Fließt die Information durch immer höhere Frequenzen, nennt ihr das Evolution. Fließt sie von der höheren zur tieferen Frequenz, nannten die Alten es Emanation.

(Du meinst, dass du auf deiner Reise zu mir viele Frequenzen passierst? Und nur eine von ihnen ist elbisch.) Schreib Spektrum statt Evolution! (Von wo rufe ich Informationen ab?) Wenn du die Gleichung *Innen = Außen*, und umgekehrt, akzeptierst, beantwortest du deine Frage selbst. Du rufst Informationen ab. Ein *Wo* gibt es nicht.

Was so entstand, war Mauthes zweites posthumes Buch. Er nannte sich Herr Jacopo, weil er sich an ein Leben als Schatzkanzler Rudolfs des Zweiten erinnerte. Darüber hatte er noch in seiner Sterbebiografie »Demnächst« berichtet. So nannte ich auch unser Buch, was ein Fehler war. Die Leute hielten »Herr Jacopo reitet« für einen historischen Roman, und er fand nicht viele Leser. Das ist schade, denn in ihm beschrieb Mauthe-Jacopo geradezu physikalisch, wie Mediumismus funktioniert.

Aber sind die Feen Tote oder nicht? Die Antwort darauf gibt vielleicht Einstein, der einmal meinte, die Vorstellung unserer gegenseitigen Getrenntheit sei nur »eine optische Täuschung unseres Bewusstseins«. Jenseits dieser Täuschung, die schuld an allen Komödien und Tragödien dieser Welt ist, gibt es weder einen Unterschied zwischen Elben und Stadträten, noch zwischen Ihnen und mir. Auch die Geister lebender Personen, die Naturgeister und die Geister toter Personen sind ein einziger Geist.

Nimmt man die optische Täuschung des Bewusstseins nicht allzu ernst, ist sie eigentlich ganz amüsant – oder?

Der Physiker und die Fee

Klaus Volkamer ist ein unerschrockener Physiker, der die Weisheit der Veden mit revolutionären Erkenntnissen verknüpft. Er beschwört ein Weltbild, das weder Feen noch Geister ausschließt. Die materialistische Schulwissenschaft fühlt sich bedroht und reagiert mit verbissener Nichtachtung oder Aggression.

Der neugierige Forscher hat eine unbekannte feinstoffliche Form der Materie entdeckt, die mit ihren ungewöhnlichen, räumlich weit ausgedehnten Feld-Eigenschaften experimentell leicht nachgewiesen und charakterisiert werden kann. Neben mit einem grobstofflichen Körper ausgestatteten Lebensformen gibt es offenbar auf der feinstofflichen Ebene noch eine sehr große Zahl unsichtbaren Lebens. Zwar genauso real wie das Reh auf der Wiese, aber unser Wachbewusstsein nimmt es nicht wahr. Was nicht erstaunlich ist, da der Zustand unseres Bewusstseins, und wir haben deren einige, die jeweilige Wahrnehmung bestimmt.

Schon Demokrit sagte zweierlei Arten Materie voraus. Die sichtbare grobstoffliche Materie mit ihren unteilbaren Atomen, genauer Elementarteilchen, welche die sichtbare Welt aufbaut. Und eine unsichtbare feinstoffliche, die für Bewusstsein, Empfindungen und alles Geistige zuständig ist. »Auch sie«, so Volkamer, »mit einer atomaren Struktur, also gequantelt. Die habe ich wohl gefunden, denn die experimentellen Ergebnisse belegen, dass diese feldartige Materieform für das Phänomen Leben verantwortlich ist, und zwar in Überlagerung mit einem Körper. Ich entwickle dazu auch eine wissenschaftlich exakt begründete Theorie. In ihr wird erkannt, dass ›Einsteins Wissenschaft‹, also das heutige Wissenschaftsparadigma, nur ein Grenzfall eines übergeordneten Verständnisses ist. Die heutige Wissenschaft ist also nicht prinzipiell falsch, sondern lediglich unvollständig.

In meiner erweiterten Wissenschaft leben wir heute in einem 12-dimensionalen Raum, aus dem wir uns … im normalen Wachbewusstsein nur den bekannten 4-dimensionalen Raum herausschneiden. Im Tod gehen wir aber in einen der beiden überlagerten 4-dimensionalen Räume über, die uns auch jetzt schon ganz real umgeben und mit denen wir … im Schlaf, allerdings völlig unbewusst, interagieren.

In höherem Bewusstsein werden uns diese beiden überlagerten 4-dimensionalen Räume der Feinstofflichkeit, mit ihren unendlich vielfältigen Lebensformen, schon jetzt offenbar. Doch das hält der ›normale Mensch‹ derzeit für ›spiritistisch, ›esoterisch‹ oder

›religiös glaubensbedingt‹ und sieht es als unreal an. Das ist ein grundlegender Irrtum, den aber 99,99 Prozent der Menschen erst in ihrem Tod erkennen, oder auch dann noch nicht, weil unsere eigene geistige Konditionierung unsere Erkenntnisfähigkeit bedingt.

Der experimentelle Nachweis und die theoretische Charakterisierung einer bisher unbekannten, feinstofflich/raumartigen Materieform führt zu einem feinstofflich erweiterten Weltbild, in dem die Elementarteilchen, Atome und Moleküle der bekannten Materie in höheren Dimensionen eine physikalisch reale grobstofflich/feinstoffliche Zwitterstruktur haben. Dies macht die heutigen Quantenmysterien ebenso verständlich wie die Existenz feinstofflicher Feen und anderer Wesenheiten.«

Umgang mit Naturgeistern

»Jungfer grün und klein,
Hutzelbein,
Hutzelbeins Hündchen,
Hutzel hin und her,
Lass geschwind sehen, wer draußen wär.«

»Die drei Federn«

»Bei ihnen war ich,
Met und Wein trank ich,
Zuckerwerk aß ich,
Mit Ivanko sprach ich.«

»Der Wunderschlitten«, zitiert nach Hedwig von Beit, »Symbolik des Märchens«

»In ihrer Aura befindet sich ein Wesen … eine Art großer Fee.«

Cyril Scott, »Der Junge mit den lichten Augen«

»Mein Ausgangspunkt war, dass ein Mensch verschiedener psychischer Zustände mit wechselnden Bewusstseinsgraden fähig sei, und zwar:
(a) der Normalzustand, in dem er sich der Anwesenheit von Elben nicht bewusst ist;
(b) der ›grisselige‹ Zustand, in dem er sich neben seiner realen Umgebung auch der Anwesenheit von Elben bewusst ist;
(c) eine Art Trance, bei der er (d. h. sein immaterielles Wesen) seiner realen Umgebung nicht bewusst und offenkundig eingeschlafen ist, während er sich in einer anderen Umgebung der Wirklichkeit oder im Feenland befindet und sich der Anwesenheit von Elben bewusst ist.

Zusätzlich habe ich angenommen, dass eine Elbe in der Lage sei, von Feenland in die wirkliche Welt zu gehen, wobei sie nach Belieben menschliche Gestalt annehmen und in unterschiedliche psychische Zustände geraten kann, als da sind:
(a) der Normalzustand, in dem sie sich der Anwesenheit von Menschen nicht bewusst ist;
(b) eine Art ›grisseliger‹ Zustand, in dem sie sich der Anwesenheit wirklicher Menschen bewusst ist, wenn es in der Realität geschieht; in Feenland ist sie sich der geistigen Essenz der Menschen bewusst.«

Lewis Carroll, »Sylvie und Bruno«

Sprechen Salamander Englisch?

Bevor die alten chinesischen Meister einen Bambus malten, vertieften sie sich so lange in ihn, bis sie selbst zum Bambus wurden. Das ist vielleicht die Weise, auf die man Naturgeister erfährt. Steht man still genug vor einer Schmetterlingsblume oder einem Bach, spürt man irgendwann, dass Bach und Blume selbst Geister sind. Die schönen Geister der Natur, und warum soll es noch andere geben?

Wir Menschen haben schließlich auch keine. Im Gegensatz zu Karotten und Kohl kommen wir ganz gut mit uns selbst zurecht. Oder doch nicht? Wimmeln unsichtbare Helfer emsig um uns herum und arbeiten an unserem Wachstum? Schließlich gehören wir genauso zur Natur wie die Schneeglöckchen und haben Anspruch auf für unser Wohlergehen zuständige Geister. Sind das womöglich die Engel? Oder gleich die Seele, die ihren eigenen Leib spinnt und sein Schicksal dazu? Seele und Engel sind vielleicht ganz dasselbe.

Dann wären Naturgeister die Seelen von Busch, Blume und Baum. Und wie ist es mit Libelle und Elefant? Oder den Himmelskörpern, haben die keine

Seele und kümmert sich niemand um sie? Fragen über Fragen.

Obwohl ich als Kind jeden Abend darum betete, habe ich noch immer nicht viel Erfahrung mit Naturgeistern. Nur zweimal in der Hofburg habe ich welche gesehen, zweimal in der Wiener City, zweimal in Rindlberg, einmal in Weikertschlag und manchmal, wenn das überhaupt gilt, im Traum. Haben wir im Hinterkopf auch ein Auge? Mit ihm sah ich in Rindlberg einen Faun im Gemüsebeet sitzen und in Weikertschlag eine Gnomin. Sie war klein, grob und hatte ein auffallend breites, eher böses Gesicht. Obwohl sie durch ein Fenster im übernächsten Zimmer hereinschaute, nahm sie mich, so schien es, nicht wahr. Und gesprochen haben weder sie noch ich.

Es gibt Leute, die unterhalten sich regelrecht mit ihnen und da wüsste ich gerne, wie? Ich vermute, dass im Hörenden ein wortloses inneres Wissen aufsteigt, das er in seine jeweilige Sprache übersetzt. Oder unser Geist operiert in zwei verschiedenen Räumen, was Julian Jaynes, Psychologieprofessor in Princeton, bikamerales Denken nennt. Der größere Raum wurde von Göttern und ihren Stimmen bewohnt. Oder eben von Geistern. Und obwohl Götter wie Geister schon lange in uns verstummt sind, hören einige wenige Menschen immer noch ihre Stimmen.

Wie auch immer – Naturgeister reden, und wer Ohren hat, hört ihnen zu. Diese Gespräche werden, wie

Gerhard Kogoj und Margot Ruis versichern, lautlos geführt. Ich kenne die beiden, deren Trauzeugin ich sogar bin, lange und gut genug, um ihnen zu vertrauen.

Und wenn die Naturgeister schweigen? Dann reden Sie! Schicken Sie ihnen Gedanken, Gefühle, Empfindungen der besonderen Art. Fröhliche Gedanken, zärtliche Gefühle, und empfinden Sie diese Wesen als Ihre geheimnisvollen Geschwister.

Wie und wo stöbert man Naturgeister auf?

Eigentlich gibt es dafür keine Regeln, ich hätte sonst täglich Dutzende von ihnen zum Tee.

Aber bei mir funktioniert alles nur von selbst oder gar nicht. Bei Ihnen könnte es wiederum anders sein, darum …

In die Welt des Unsichtbaren geraten Sie am leichtesten in der Abend- und Morgendämmerung, zu Mittag und zwischen zwei und vier Uhr nachts. Um diese Zeiten lösen sich Ihre beiden Leiber, der irdische und der astrale, leichter voneinander. Die Grenzen, die offenbares und verborgenes Bewusstsein voneinander trennen, werden undicht.

Schauen Sie nicht geradeaus! Betrachten Sie die Welt heimlich und verstohlen aus den Augenwinkeln. Glauben Sie nicht gleich an Sinnestäuschungen, wenn die Luft funkelt und flirrt, leises Geklingel ertönt, etwas Ungenaues sich bewegt und vorüberhuscht. Machen Sie das Loch in der Seele ganz weit auf! Es kann sein, dass Sie dabei Zeit verlieren. Minuten, Stunden. Erschrecken Sie nicht! Verloren haben Sie gar nichts. Sie waren auf Besuch in der Anderswelt, wo keine Uhren ticken. Nur hier bei uns vergeht Zeit.

Naturgeister haben angeblich Lieblingsorte, an denen man sie antreffen kann. Hügel, Hecken, Quellen, Kreuzwege, Wälder, Höhlen, Bäche. Kann schon sein, aber wie gerieten sie dann in die Hofburg? Oder in jenes verrauchte Altwiener Wirtshaus in der Bäckerstraße, wo mein Mann und ich mit einem würdigen Sektionschef und seiner Frau den Abend verbrachten. »Jö«, sagte die Letztere plötzlich zu mir und lachte. »Sie sitzen überall auf Ihren Schultern.« Mir fiel der Löffel in den Suppenteller. »Wer sitzt auf meinen Schultern?« – »Kleine braune Wesen, was weiß ich? Kobolde, Gnomen.«

Naturgeister existieren vielleicht jenseits unseres Raumes, darum können sie überall auftauchen. Es mag eine Frequenzgeographie geben, in der die Regionen verschiedenen Schwingungen entsprechen. Auf starken Störzonen, und ich spreche aus Erfahrung, kann man die Trennung der Bewusstseinszustände nicht wahren. Dies- und Jenseitige gehen ineinander über, und die magische bricht in unsere alltägliche Wirklichkeit ein.

Ich träume schon lang von einer Landkarte des Geistes, einer Psychologie des Raums. Einer Metapsychologie und Metageographie, die unser seit Relativitätstheorie und Quantenphysik ohnedies in Bewegung geratenes Weltbild noch einmal radikal verändern könnten. Nehmen wir in verschiedenen Räumen nicht nur verschieden, sondern sogar Verschiedenes wahr? Gibt es einen Zusammenhang zwischen Raum und Geschichte? Frequenzlandschaften, in denen Kriege leichter ausbrechen als anderswo und Genies besser gedeihen? Oder in denen wir Naturgeister wahrnehmen wie ultraviolettes Licht.

Musik in den Augen

Durch schlechte Laune, Ärger und Griesgrämigkeit lockt man Naturgeister nicht an. Auch Vorsicht und Ängstlichkeit mögen sie nicht. Fröhliche Gemüter gefallen ihnen. Singen, Lachen und Staunen. Eine Unschuld des Geistes, die wir Einfalt nennen, und ein offenes Kinderherz. Und eilig sollte man es nicht gerade haben. Eine träumerische Stimmung wäre gut, und viel Phantasie. Die Phantasie ist unser drittes Auge. Oder das vierte, fünfte, siebente. Bilderschauen, man nennt es Visualisieren, könnte hilfreich sein. Aber das ist eine Gabe, die nicht jeder hat. Ich habe sie nicht. Oder vielmehr, zu mir kommen die Bilder nur von selbst und trollen sich, sobald ich sie rufe.

Kritischer Verstand ist manchmal ein Segen. Hier stört er. Die Linien müssen weich werden, die äußeren wie die inneren. Nicht Stein, sondern Nebel wäre das ideale Medium einer Begegnung. Wo innere und äußere Welt ineinander übergehen, ist Geisterland.

Meditieren wird immer wieder empfohlen. Von mir nicht, obwohl diese uralten östlichen Techniken des Bewusstseins ohne Zweifel funktionieren.

Möchten wir Techniker der Stille sein? Sie ist der Eingang in die Ewigkeit. »Es wird erfüllte Stille sein«, schrieb Gottfried von Einem neun Jahre, bevor er eintrat, über seinen Tod (»Mich hetzen Klänge«, herausgegeben von Lotte Ingrisch).

Kunst öffnet uns ungewöhnlichen Erfahrungen. Zum Beispiel Musik. Mozart, Schubert, Gottfried von Einem. Oder Salbei, Thymian, Mohn. Ein Schlaf unterm blühenden Holunder. Und manchmal, das ist am schönsten, fallen wir ganz von selbst in Trance. Bemerken es nicht einmal, und schon haben wir die Welt gewechselt. Aber nur selten erinnern wir uns später daran. Sie können also nicht wissen, ob Sie nicht schon längst im Feenreich aus- und eingehen. Sind Sie zuweilen ohne jeden Grund glücklich? Das könnte ein Hinweis darauf sein.

Naturgeister lieben, so sagt man, Geschenke. Es kann nicht falsch sein, ihnen welche zu machen. Myrrhe und Weihrauch. Kristalle, Honig, Edelgestein. Schokolade vielleicht? Äpfel und Nüsse. Parfum, zum Beispiel »l'heure bleue«? Met wäre passend. Oder hätten sie lieber Brandy? Ein Seidentuch, eine Goldkette, den Traum der letzten Nacht. Ihr Handy? Das wäre toll! Diese Frequenzen tun Geistern bestimmt nicht gut. Und in die Stille, die dann über uns käme, könnten Wunder einfallen. Durch die Stille gerieten wir direkt in die Anderswelt.

Hören die Naturwesen gerne Geschichten? Erzählen Sie ihnen welche. Sie können ruhig erfunden sein, und womöglich werden sie sogar einmal wahr? Seien Sie locker. Weder feierlich, noch seriös. Sie erwarten keinen ernsthaften Umgang mit uns. Wie alle klugen Geister spielen sie viel lieber, und da sollten wir sie nicht enttäuschen.

Sie nehmen uns nicht so wahr wie wir uns selber im Spiegel. Sondern, wie auch die Geister der Toten es tun, als Tanz fließender Farben, Lichtwirbel, pulsierende Energie. Eine Art Kammermusik für die Augen. Klingen wir schön? Achten wir auf unsere Herzmelodie, die Geister mögen es nicht atonal. Auch Hass und Gier tun ihren Wolkenleibern weh. An Kindern und Tieren haben sie Freude.

Schade, dass wir keine kleinen Katzen sind.

Geister toter Personen

»Was war, bevor ich geboren wurde?
Du bist noch nicht geboren.
Du träumst noch vom Leben.
Seht ihr etwas zu Staub zerfallen –
Wahrlich, dann naht das Licht!«

»Die Antwort der Engel«, aufgezeichnet von Gitta Mallacz

»Wer aber weiß, dass Leben ist,
was Menschen Tod nennen
und Tod, was sie für Leben halten?«

Euripides

»Der Himmel ist in der Hölle,
und die Hölle ist im Himmel ...«

Jakob Böhme, »Mysterium Magnum«

»So erinnere ich an gewisse alte Lehren ..., wonach der Mensch außer fleischlichem, ätherischem und astralem Körper noch mehrere nicht nach Menschenbild geformte Leiblichkeiten (Vehikel) haben soll.«

Emil Mattiesen, »Der Jenseitige Mensch«

»Das Diesseits und das Jenseits bestehen im höheren Geist zugleich und können nicht sein ohne inneren Zusammenhang miteinander.«

G. Th. Fechner, »Zend-Avesta«

»Für uns scheint der Tod nur ein Nichts zu bedeuten, in dem wir alles hinter uns lassen müssen. Aber er bedeutet auch eine Fülle ... ein Ort, wo alles in Verbindung mit allem ist und nichts je verlorengeht. Doch um dies zu erfahren, muss man fähig sein, in der Welt der Toten bewusst zu werden.«

Peter Kingsley, »Die Traumfahrt des Parmenides«

»Wenn ich dich in dieser Welt nicht mehr sehe, will ich versuchen, dich in der nächsten zu treffen.«

Mark Lewis

Wer fürchtet sich vorm Schwarzen Mann?

Niemand!«, haben wir als Kinder gerufen. Aber da haben wir womöglich gelogen. Seit Jahrzehnten spukt mir ein Geisterknigge im Kopf herum, so einen brauchen wir dringend. Dass wir den richtigen Umgang mit Geistern nicht schon in der Schule lernen, ist eines ihrer vielen Versäumnisse.

Am 17. Februar 2005 entstand bei einem Abendessen mit meiner Verlegerin der Plan für dieses Buch. Es wurde spät, ich kam erst nach Mitternacht in meine Wohnung in der Wiener Hofburg zurück, wo ich allein mit drei Katzen lebe. Auf einmal hatte ich das Gefühl, etwas – nicht jemand, sondern etwas – wäre draußen auf dem Gang. Neugierig schaute ich nach – und ein Fremder im schwarzen Mantel stand direkt vor mir. Ich weiß nicht, was er um halb eins in der Nacht von mir wollte. Denn ich hab die Tür geschwind wieder zugemacht und versperrt.

Erst am nächsten Morgen dachte ich, und wenn es ein Geist war? Dann habe ich ihn sehr unhöflich behandelt. Ich schämte mich.

Von da an spielte meine Armbanduhr – eine Schaffhausen, die mein erster und danach mein zweiter

Mann bis zu ihrem Tod getragen haben – total verrückt. Meine Uhren sind zwar nie normal gegangen, sondern immer vor. Um Minuten, Stunden, sogar Tage – und zurück nie. Diesmal ist es anders. Die Uhr bleibt eine Stunde lang stehen, dann geht sie wieder und holt die verlorene Zeit exakt ein. Sie ist nicht elektronisch, sondern mechanisch, aufgezogen durch meine Bewegung. Sie läuft vor, sie läuft zurück und korrigiert sich danach selbst. »Gibt es«, fragte ich meinen Uhrmacher Hofer am Schulhof, »eine natürliche Erklärung?« – »Nein», sagte er. »Ganz bestimmt nicht! Oder bewahren Sie sie in einem Elektrogerät auf?« – »Nein, wieso?« – »Mechanische Uhren vertragen keine Elektrizität.«

Die Lösung des Rätsels! Denn ich bin von Jugend an elektrisch gewesen und habe früher regelrecht Funken geschlagen. Ich gab meinen roten Haaren die Schuld. Aber was hat Gottfried von Einem nach seinem Tod gesagt? »Sterbend, werden wir elektrische Wesen.« Damals habe ich es nicht verstanden. *Sterbend, werden wir elektrische Wesen.* Meine Uhr bestätigt, was ich immer schon gewusst und in allen meinen Büchern geschrieben habe. Diesseits und Jenseits sind Zustände desselben Bewusstseins. Wir sind gleichzeitig lebendig und tot.

Je diesseitiger ich mich fühle, umso genauer geht meine Uhr. Sehr diesseitig fühle ich mich schon lange nicht mehr. Gleite ich in meinen jenseitigen Zustand, bin ich elektrisch und verstöre meine Uhren. Ihr Chaos zeigt den Grad meiner Jenseitigkeit an.

Das gefällt mir. Ein amüsanter Beweis gegen den Tod – und für eine elektrische Unsterblichkeit, obwohl niemand weiß, was Elektrizität eigentlich ist. Da kann man Nikola Tesla auf und ab lesen, und alle anderen auch. Die Elektrizität bleibt ein Geheimnis.

Das Jenseits auch?

Herr Hiob irrt

Im Grübeln und bei Nachtgesichten«, so steht es im Buch Hiob, »wenn tiefer Schlaf die Menschen überfällt, kam Furcht und Zittern über mich und ließ erschaudern alle meine Glieder. Ein Geist schwebt an meinem Gesicht vorüber, die Haare meines Leibes sträuben sich. Es steht, ich kann sein Aussehen nicht erkennen, eine Gestalt nur vor meinen Augen.«

Das ist natürlich blanker Unsinn. Was Hiob zum Zittern brachte, war die eigene Angst. Eine lebende Person, der Geist einer lebenden Person und der Geist einer toten Person sind drei Erscheinungsformen ein und desselben Wesens. Es ist so ähnlich wie mit dem Wasser. Ob es vom Himmel regnet, schneit oder zu Eis gefriert, scheint zwar einen großen Unterschied auszumachen. Aber in allen drei Fällen ist es Wasser und sonst nichts. Wasser in verschiedenen Zuständen seiner selbst. Wenn Sie es gern trinken, laufen Sie weder schreiend vor Eistüten noch dampfenden Kochtöpfen davon. Und vor dem Geist eines Menschen schon?

Der Grund dafür ist biologischer Natur. In unseren Genen scheint eine Urangst vor allem Fremden gespeichert zu sein. Zu einem hohen Grad sichert sie unser Überleben in einer ziemlich unfreundlichen und gefährlichen Welt. Nichts ist uns fremder als der Tod und die Toten, und nichts fürchten wir mehr. Sie sind Fremde geworden, Ausländer, und haben in unserer Welt nichts mehr verloren. Wir sind die Rasse der Lebenden und machen unsere Grenzen vor der Rasse der Toten dicht. Wehe, sie kehren zurück!

Eine Minderheit verzweifelt Liebender, verzweifelt Trauernder wünscht sich gerade dies. Aber man sollte die Geister nicht ins Fleisch zurückwünschen. Ein Vorteil wäre es für sie nicht.

Geister auf dem Laufsteg

Der älteste Geist, den wir kennen, ist der Steinzeitmann. Eine Axt schwingend, reitet er ohne Sattel durch die Wälder von Dorset. Später hat man lästige Geister ins Rote Meer ausgetrieben. Brutus wurde vom Geist Cäsars verfolgt, Luther vom Teufel persönlich und Odysseus von Todesgeistern, die Homer als dünne, durchsichtige Schwärme beschrieb.

Dichtung oder Wahrheit? Als könnten wir das eine vom anderen unterscheiden! Wir können es nicht. Was aus uns selbst kommt, halten wir für Dichtung, und für Wahrheit alles außerhalb unserer selbst. Aber es gibt keine Grenze zwischen Innen und Außen. Unser Bewusstsein ist das Theater, in dem Dichtung als Wahrheit gespielt wird und Wahrheit als Dichtung. Die Welt jenseits des Theaters, falls es überhaupt eine gibt, kennen wir nicht.

In Island gab es ein Gesetz, nach dem Geister vor Gericht gestellt und verurteilt werden konnten, wenn sie die Lebenden verfolgten. Und noch heute einigt man sich außergerichtlich, indem man die Toten durch Opfergaben, dazu gehören auch die Blumen auf ihren Gräbern, besticht. Der »grässliche Geist des

Guy« zum Beispiel, der 1323 in der Provence sein Unwesen trieb, erklärte sich für genau hundert Messen bereit, nicht mehr zu spuken. Aber entweder lassen sich nicht alle bestechen oder es wurde bei einigen unterlassen, und so treten sie immer noch in jenem Theater, das wir für die Wirklichkeit halten, auf. Statt zu erschrecken, sollten wir ihnen unsere Aufmerksamkeit schenken. Warum nicht auch, da sie sich sichtlich Mühe geben, unseren Applaus?

Die vielen weißen, grünen, braunen und schwarzen Damen, die nächtens plötzlich in hohen Gängen auftauchen und über Schlosstreppen schweben – wären wir ohne ihren Zauber nicht ärmer? Graue Männer wohnen in blinden Spiegeln, manchmal Jahrhunderte lang in denselben, sie gehören schon zur Familie. Eine gräfliche Freundin stellt ihrem Geist alle Weihnachten einen Teller mit Bäckereien vor den Spiegel.

Jimmy Squarefoot von der Isle of Man kriegt keine Vanillikipferln. Leider erscheint er als riesiges Gespensterschwein oder neuerdings als Mann mit Schweinekopf und zwei gewaltigen Hauern. Dabei ist er die Sanftmut in Person und möchte so gern ein paar nette Menschen kennenlernen. Auch die kopflosen Geister wie der Postmichel, Anna Boleyn oder der Märtyrer St. Denis werden ängstlich gemieden. Was können die Ärmsten schon für ihre Enthauptung? Überall auf der Welt galoppieren schwarze Reiter mit ihrem Kopf unterm Arm durch die Nacht und tun niemandem Böses.

Die Römer nannten ihre lasterhaften Geister »Lemuren« und unterhielten sie mit regelmäßigen Festspielen, um sie von einer eventuellen Rückkehr abzulenken. In der Meinung, Lärm und Gestank wären ihnen zuwider, trommelten sie auch und verbrannten schwarze Bohnen rings um ihr Grab. Tugendhafte Tote wurden zu »Laren« und nisteten sich als Haus- und Poltergeister bei den Familien ein.

Der römische Dichterphilosoph Lukrez war an den Folgen eines ihm von seiner Frau verabreichten Liebestrankes gestorben. Vorher hatte er noch eine Theorie über den Ursprung der Geister entwickelt, die erstaunlich modern ist. Sie wären die sich vom sterbenden Körper lösenden Hüllen und existierten fortan in der Atmosphäre, die man später Äther genannt hat. Aus dem materialistischen Weltbild verbannt, feiert der Äther gerade trotz des Protestes der Schulphysik sein Comeback.

Aktenkundig wurde dafür im 17. Jahrhundert der Marktgeist von Smithfield. Er trug die Robe eines Anwalts, hatte Hörner auf dem Kopf, spitze Schuhe an den Füßen und ein Fleischmesser in der Hand. Jeden Samstag zwischen 21 Uhr und Mitternacht riss er Fleischkeulen aus den Verkaufsständen der Schlachter, die versuchten, ihn mit ihren eigenen Messern zu vertreiben. Vergeblich, sie konnten den Missetäter nur als einen Lufthauch verspüren. Es dürfte sich dabei um den ortsansässigen Anwalt Mallet gehandelt haben, der kurz vorher an einer Fleischvergiftung starb. Da er nicht sicher war, wer ihm das Fleisch verkauft hatte, setzte er sein rachsüchtiges Treiben auch noch in Whitechappell und Eastcheape fort.

Rachsucht kann einen Toten noch einmal ins Leben zurücktreiben, obwohl es im Jenseits viel schöner wäre. Darum sollte man auf dem Sterbebett geschwind alles und allen verzeihen, um missliche Verzögerungen auf dem Weg dahin zu vermeiden.

Christopher Slaughterford kam 1709 in Guildford wegen Ermordung seiner Braut Jane Young an den Galgen. Schon Tage danach kehrte er in Ketten wieder. Er klagte und weinte über seine Hinrichtung. Mit einem Strick um den Hals und einer lodernden Fackel erschien er so lang dem wahren Mörder, seinem Diener Joseph Lee, bis dieser sich entnervt selbst erhängte.

Im Pfarrhaus von Borley spukte im 14. Jahrhundert eine wegen einer Liebesaffäre ermordete Nonne. Auch sie fand keine Ruhe. Geisterkutschen, Glockengeläut und ein kopfloser Mann trieben sich um das Pfarrhaus herum, in dem zuletzt auch noch ein plötzliches Feuer ausbrach. Es brannte ab, Gespenster wanderten durch die Ruinen, und im Keller fand man schließlich die Leiche. Sie war völlig verwest.

Geisterglocken läuten oft und überall, und Phantomkutschen holen die Sterbenden ab. Es kommt vor, dass bereits Geister in ihnen sitzen und singen. Die Melodien sind süß und verführerisch. Von Automobilen wurde, soviel ich weiß, bis jetzt niemand geholt. Auch die Wilde Jagd ist noch nicht motorisiert. Odin, der germanische Totengott mit breitkrempigem grünem Hut, führt sie an. Sein Pferd ist weiß, sein weiter Mantel weht im Wind, heulende Hunde, ein Rabenschwarm und eine Eule begleiten die Jagd der Toten. Alte Legenden? Ich kenne eine Frau, die sterbend eine Kutsche mit ihrem toten Mann auf dem Bock vorfahren sah. Einen Komponisten, der die Wilde Jagd in Oberösterreich und ein Ehepaar, das sie auf einem Dachboden in Köln selbst erlebte. Der Mann trug dabei Spuren von Pferdebissen und Hufschlägen davon.

Ich zweifle nicht an der Echtheit solcher Geschichten. Es ist einfach so, dass wir uns ein Bild von der Welt machen und von allem, was in ihr geschieht. Sichtbare Bilder von einer unsichtbaren Welt. Sie in falsche und richtige Bilder zu trennen, ergibt nicht den geringsten Sinn.

Die Frau des Schweizer Pfarrers Oberlin soll nach ihrem Tod noch einmal zurückgekehrt sein und ihm mehrere Jahre lang die Wirtschaft geführt haben, bevor sie endgültig Abschied von dieser Welt nahm.

William Blake wurde oft vom Geist seines toten Bruders besucht. Charles Dickens wird in der Nähe der Getreidebörse von Rochester, die er in »The Mystery of Edwin Drood« verewigte, und seinem geliebten London gesehen. Erinnert ein Geist sich an Orte, an denen er einst lebte, kann er dort erscheinen – warum nicht? Das gilt, nehme ich an, für die Geister toter wie lebender Personen. Auch Georg Trakl wird noch immer in Salzburg gesehen. Ich selbst bin, und zwar merkwürdigerweise in der Straßenbahn, einem toten Bankdirektor und einem ebenso toten Dichter begegnet. Beide sahen eigentlich ganz lebendig aus, mit dem Bankdirektor plauderte ich sogar. Erst hinterher, da war ich schon aus der Tramway gestiegen, bin ich erschrocken.

Das Freemantle Museum in Australien war ein von Sträflingen erbautes Irrenhaus. Gleich drei Geister spuken dort. Einer herzt und küsst die Leute, der zweite rüttelt an Türen und der dritte, eine alte Frau, sucht immerzu etwas und findet es nicht.

Bei den Indianern zirpen die Geister wie Grillen, und das ist seltsam. Wenn ich nämlich den Geistern lebendiger Tiere begegne, zirpen sie auch. Diese hohen Töne, die man offenbar nur hören kann, wenn man sich selbst im außerkörperlichen Zustand befindet, scheinen eine Art Geisterfrequenz zu sein. Ich möchte eine Parabiologie anregen, die das Phänomen gemeinsam mit Paraphysikern erforscht.

Man kann Geister sehen, hören, fühlen und riechen. Je nachdem, verbreiten sie Düfte oder Gestank.

Augen, Ohren, Haut und Nase sind Sinnesorgane. Ihre Aufgabe ist es, unfassbare in eine für uns fassbare Wirklichkeit zu übersetzen. Sie sind Dolmetscher, wenn nicht gar Deuter einer Fremdsprache, die wir im Original weder wahrnehmen noch verstehen.

Im Londoner Royal Theatre spukt vor Beginn der Abendvorstellung ein grauer Mann mit weißer Perücke, Dreispitz, Reitstiefeln und grauem Umhang. Er soll im 18. Jahrhundert in eine Schauspielerin verliebt gewesen sein, deren eifersüchtiger Galan ihn ermordet und den Leichnam in den Theatermauern versteckt hat.

Es spukt überhaupt in vielen Theatern. Oft von verstorbenen Schauspielern selbst, die dort in ihrer neuen Rolle als Gespenst auftreten, oder den Dichtern, deren Dramen gerade aufgeführt werden. Sir Alec Guiness zum Beispiel erblickte, während er Hamlet im Old Vic spielte, Shakespeare persönlich im Publikum, der ihn scharf ansah.

Nicht durch das Brimborium der Rituale und spiritistischen Seancen! Auf die natürlichste Weise beschwören wir fortwährend Shakespeares, Mozarts, Rembrandts Geist. Wie eine Quelle entspringt Kunst dem Friedhof der Toten. Unsere ganze Kultur ist eine einzige Geisterbeschwörung.

Tiere und Kinder

Beide haben den sechsten Sinn. Besonders Katzen. Sie spuken nicht nur, und das schon seit den alten Ägyptern. Sie nehmen auch die Geister anderer wahr. Wie Hunde, Eulen, Schlangen und Pferde. Pferde wiehern sogar manchmal vor dem Haus, in dem jemand stirbt, und Hunde heulen. Denn der Tod tritt selten pünktlich auf die Minute ein, und die Sterbenden verlassen immer wieder, provisorisch gewissermaßen, ihren Leib.

Kinder haben noch ein großes Loch in der Seele, und erst mit dem fünften Jahr wächst es mehr oder weniger zu. »Gelt«, sagte Gustav Mahlers Urenkelin Ännchen zu Alma Zsolnay, ihrer Mama: »Raum und Zeit gibt es nicht wirklich?« Da kam sie Einstein schon ziemlich nahe. Aber woher wusste sie ...?

Kinder wissen oft mehr als Nobelpreisträger, sie sind noch nicht konditioniert. Noch nicht wie Münzen geprägt, um in einer bestimmten Kultur, einer bestimmten Zivilisation einen präzisen Wert darzustellen. Sie haben ihre Rollen noch nicht gelernt, und so können sie auch etwas anderes spielen. Auf Rollen reduziert zu sein, mag unerlässlich für soziale Ordnungen sein. Aber jede Rolle schränkt ihren Spieler radikal ein. Die Erziehung im Elternhaus ist, wie später in der Schule, ein Erlernen und Verlernen zugleich.

Mit dem fünften Lebensjahr vergessen die Kinder ein offenbar angeborenes Wissen. Sie erinnern sich dann, zum Beispiel, nicht mehr an ihr voriges Leben. Aber gibt es da etwas zu erinnern, haben wir nicht nur dieses eine? Nun, ich weiß es so wenig wie Sie. Ein paar Universitätsprofessoren aus Europa und Amerika reisen längst als Detektive um die Welt und untersuchen penibel jene Fälle, in denen Kinder über ihre Vergangenheit berichten. Eine Vergangenheit, in der sie anderswo, anderswie und als eine andere Person gelebt haben. Die Beweise sind zwingend. Kinder erkennen Städte, Dörfer, Straßen, Zimmer und ihre einstigen Angehörigen mühelos wieder und verraten alte Geheimnisse. Werden wir also wiedergeboren?

Das haben die meisten anderen Kulturen geglaubt, und viele große Denker unserer eigenen. Nur die Kirche hat es im fünften Jahrhundert – schon wieder die fatale fünf, wenn auch mit zwei Nullen – zur Irrlehre erklärt.

Der Haken bei der Reinkarnation ist, dass es, wie Ännchen schon wusste, die lineare Zeit gar nicht gibt. Alles ist Jetzt, obwohl wir dieses Jetzt hintereinander erfahren. Müßig, sich darüber den Kopf zu zerbrechen. Wenn allerdings Ihr Kind von einem anderen

Leben erzählt, sollten Sie aufmerksam zuhören. Und auf gar keinen Fall sagen: »Du lügst!« In der Regel spricht Ihr Kind nämlich die Wahrheit.

Schütteln Sie auch nicht den Kopf, wenn Ihr Kind Tote sieht. Den Großvater, die Großmutter. Oder einen unsichtbaren Freund, der mit ihm spielt. Unsichtbar sind diese Geister nur für Sie selbst. Die Wahrnehmung kleiner Kinder ist noch nicht so drastisch eingeschränkt wie unsere eigene. Beneiden wir sie darum! Und vielleicht können wir ein bisschen von ihnen lernen.

DER GESPENSTERSCHWANZ

Ich habe einmal meinen Jugendfreund, den längst verstorbenen Dichter Herbert Zand, gefragt, wie viele Geister wir eigentlich haben. Für den Fall, dass die Geschichte mit der Wiedergeburt stimmt. »Einen ganzen Schwanz«, erklärte der Tote lachend. »Jeder zieht einen ganzen Schwanz von Gespenstern hinter sich her.« Das ist eine ebenso logische wie verblüffende Vorstellung.

Dabei fällt mir das englische Herrenhaus Sanford Orcas in einem idyllischen Dörfchen ein, das von vierzehn Geistern heimgesucht wird. Einer Dame in Grün, einer Dame in Rot, einem schwarzen Jagdhund, einem Mönch, dem Geist von Sir Hubert Medlycott, der im Pförtnerhaus Selbstmord beging, und so weiter. Erwähnen möchte ich noch ein mehr als zwei Meter großes Gespenst, das nur erscheint, wenn eine Jungfrau in dem Tudorhaus schläft. Einst ist es dort Lakai gewesen und hat die Mägde verführt. Eine liebe Gewohnheit, die man auch mit dem Tod nicht so leicht ablegt.

Hat womöglich ein Lebender seine eigenen vierzehn Gespenster aus vergangenen Biografien dort eingeschleppt? Und waren wir selbst dereinst die walisische Sabberhexe und der Mann mit dem Kopf unterm Arm, die uns heute erschrecken?

Dass sie dies tun, immer noch tun, ist eigentlich rührend. In einer Welt, in der die Menschen sich gegenseitig allen Ernstes mit Atombomben und Giftgasen ausrotten, Luft, Wasser und Erde vergiften und lieber ihre Öfen mit Korn heizen, als den Verhungernden Brot zu geben, haben die Geister den behäbigen Charme von Biedermeier und Pfeifentabak. Das Leben ist zum Fürchten und alle Haare müssten sich einem aufstellen, wenn George Bush und Co. im Fernsehen auftritt oder gar live. Das sind die bösen Geister, vor denen wir zittern und die wir exorzieren sollten, und nicht die schreienden Totenschädel und klappernden Gerippe, die darum betteln, endlich begraben zu werden.

Das Totenreich in der Kassette

Seit 1959 der schwedische Filmproduzent Friedrich Jürgenson auf Tonband gespeicherte, mysteriöse Stimmen entdeckte, gibt es einen neuen Zweig auf dem Totenbaum: das Tonbandstimmenphänomen.

Konstantin Raudive entwickelte die These einer »Gegenüberwelt«, die in Beziehung zu der unseren steht. Beide Welten bedingen einander, verhalten sich komplementär. Geister kommen als Kassettenstimmen zu uns. Kommen sie wirklich?

Das halte ich für möglich. Schon der berühmte Edison, dem wir die Glühbirne verdanken, arbeitete bis zu seinem Tod an einer Konstruktion, die den Kontakt mit Verstorbenen ermöglichen sollte. Ich habe selbst Stimmen auf jungfräulichen Tonbändern gehört. Allerdings auch meine eigene. Mit Worten, die ich am Tag darauf tatsächlich und auf eine unvorhersehbare Situation bezogen sprach. Auch Stimme und Text einer Anruferin war zwei Stunden vor ihrem Anruf auf meinem Tonband gespeichert. Diese eindeutigen Zeitverzerrungen und Anomalien sind interessant und gehören wissenschaftlich untersucht.

Alternative Zustände des Bewusstseins sind vielleicht mit anderen Zeitstrukturen verknüpft.

Ansonsten Vorsicht! Mit getürkten Stimmen werden Trauernde manipuliert. Ein Hausmeister in Wien hat sich auf Witwen spezialisiert, denen der Selige rät, Sparbuch und Eigentumswohnung dem Tonbandmann zu überschreiben, denn: »Du brauchst es nicht mehr, Schatzerl, ich hol dich zu mir.«

Der Umgang mit der Geisterwelt wird zeitsparend technisiert, und das technische löst vielleicht bald schon das menschliche Medium ab. Mich rief drei Jahre lang eine tote Barfrau aus Berlin an, Betrug konnte ausgeschlossen werden. Fünf Jahre zuvor hatte sie Selbstmord begangen und befand sich nun in einer sonderbaren Zwischenwelt. Die von mir genau geführten Protokolle darüber finden Sie in meinem Buch »Unsterblichkeit«.

Inzwischen haben die Geister auch das Fernsehen und den Computer erobert. Pionier der instrumentellen Transkommunikation ist der Physiker Prof. Dr. Ernst Senkowski, ein gescheiter, humorvoller und absolut integerer Mann. Sein Buch gleichen Titels ist leider vergriffen, aber im Internet finden Sie es noch, und ihn auch. »Wann aber«, schrieb Rilke, »in welchem aller Leben sind wir endlich offen und Empfänger?«

Ein himmlisches Postamt

Es ist wie mit Newtons Physik oder Freuds Psychoanalyse. Beide funktionieren in begrenzten Systemen. Auch die Trennung der Lebenden und Toten gilt nur für die biologische Zone, die durch Zeit definiert wird. Doch erstreckt unser Bewusstsein sich mehr oder weniger weit über diese Zone hinaus und funktioniert dort nach anderen Regeln.

Vor Jahren habe ich Hans-Peter Dürr, den Nachfolger Werner Heisenbergs am Max-Planck-Institut, nach der Voraussetzung für Medialität gefragt. »Instabilität des Bewusstseins«, antwortete er, und eine bessere Antwort kenne ich nicht. Ein stabiles Bewusstsein ruht im System, bewegt sich nicht aus ihm heraus, leistet allem Systemfremden Widerstand. Ich habe das Glück eines labilen Bewusstseins.

Sie können auch ein himmlisches Postamt annehmen, in dem irdische Schalterbeamte für einen, wenn auch immer störungsanfälligen, Verkehr mit der Geisterwelt sorgen. Die Beamten, die Postfräulein, sind vielleicht unsere eigenen Nervenzellen. Aber da rate ich nur, denn so genau weiß man es nicht. Die Kundschaft in den himmlischen Postämtern sind die Medien. Es gab und gibt sie in allen Zeitaltern und Kulturen. Keltische Grabschläfer, Trancetänzer, Nekromanten. Die alten Griechen bestrichen ihre Hauseingänge mit Pech, um die unsichtbar flatternden Geister wie mit Leimruten zu fangen. »Unter den Menschen«, schreibt der konfuzianische Philosoph Wang Ch'ung, »sprechen die Toten durch Lebende, die sie in Trance versetzen; und die Wus klimpern auf ihren schwarzen Saiten und rufen die Seelen der Toten herab, die dann durch den Mund der Wus sprechen.«

Ein bisserl ein Wu bin ich auch. Aber nur für Tote, die ich liebe, und nicht professionell. Ich leihe den Geistern meinen Laptop. Ich schreibe, und das ist ganz normal. Schließlich bin ich Schriftstellerin. Es ist dann so, als würde mein Bewusstsein mit dem eines Toten verschmelzen. Das ist nicht weiter erstaunlich. Tot wie lebendig existieren wir in einem Universum frei fließender Information. Um sie zu empfangen, müssen wir nur unsere Antennen ausfahren. Leider ziehen wir sie in der Regel ein und lernen nichts kennen außer uns selbst, was auf die Dauer etwas eintönig ist.

Wer poltert?

»Naughty little girl theory« ist die scherzhafte Bezeichnung für eine von der S. P. R. gesammelte Analyse von Poltergeist-Fällen. »Ungezogenes-kleines-Mädchen-Theorie.« Denn Halbwüchsige, vor allem Mädchen, sind die häufigsten Agenten von Spuk.

Was poltert, ist beinahe immer der lebendige Mensch. Ich spreche aus Erfahrung, weil ich selbst zwar kein little girl mehr, aber noch immer ein Poltergeist bin. Bevor ich das endlich erkannte, habe ich mich viele Jahre lang vor dem nächtlichen Höllenlärm gefürchtet, und am Morgen war mein Mann regelmäßig böse auf mich. Weil ich angeblich türenschlagend durch unser einsames Waldwiesenhaus rannte, meine Möbel umwarf, im Wäschekorb brummte und so fort. Dabei lag ich wie ein Zinnsoldat in meinem Bett.

Der Psychologe Gardner Murphy meint, es wäre nicht länger möglich, die menschliche Persönlichkeit als individuelle und unabhängige Einheit zu sehen. (Und die tierische, finde ich auch! Wir sind viel zu anthropomorph.) Vielmehr wäre sie ein Knoten oder Bereich relativer Konzentration in einem Feld sich gegenseitig durchdringender Kräfte. In diesem Feld ist man weder ganz Individuum noch völlig untergegangen im unpersönlichen kosmischen Abgrund.

Akzeptieren wir diese erweiterte Ansicht der Person, können wir davon ausgehen, dass Spannungssysteme in den Menschen sich über den biologischen Organismus hinaus in die physikalische Umwelt ausdehnen. Im Verlauf dieser Prozesse wird psychische in eine andere Form der Energie umgewandelt. Etwa in kinetische oder Lichtenergie. Zum Beispiel spukt bei mir, und das immer noch, die Materie. Ich habe in meinen anderen Büchern darüber berichtet. Aber inzwischen glaube ich zu wissen, dass nicht die Materie spukt, sondern ich spuke in der Materie. Der berühmte Rhine, der mit seinen Kartentests an der Duke University die Parapsychologie gesellschaftsfähig machte, denkt zur Erklärung von Spukerscheinungen an eine Art Parapsychopathologie.

Ich vermute, dass die äußere physikalische und die innere psychische Welt eine einzige sind, durch die wir selbst eine Grenze ziehen. Die Natur ist schon längst nicht mehr eindeutig, und eigentlich war sie es nie. Sie ist so zweideutig wie wir selbst.

Geisterkunde

In seiner »Theorie der Geisterkunde« hat der Arzt Jung-Stilling schon um 1800 das Licht als Übergang aus der Sinnen- in die Geisterwelt erklärt, Mittler zwischen beiden. Ein halbes Jahrhundert später channelt Jakob Lorber, der »Schreibknecht Gottes«, die zwei Naturen des Lichts, eine materielle und eine geistige. Heute spricht die Physik von seiner Doppelnatur als Welle und Teilchen.

Es scheint, dass wir die geistigen Phänomene als physikalische Ereignisse erforschen und der Weg wissenschaftlicher Erkenntnisse von Innen nach Außen führt. In diesem Fall wäre die Intuition wichtiger als das Experiment, und die Ahnung Mutter aller Gesetze. Die ahnungslose Schulwissenschaft wird das wütend bestreiten.

Es gibt wohl so viele Welten wie Grade auf der Skala des Bewusstseins. Was wir an Wirklichkeit wahrnehmen, und das ist sehr wenig, hängt vom jeweiligen Standpunkt ab, den wir gerade auf der geheimnisvollen Skala einnehmen. Doch können wir diesen Standpunkt, das ist vielleicht sogar unsere Aufgabe, immer wieder verändern.

Unsere Bewegung auf dieser inneren Skala entscheidet auch über das, was wir für den Fortschritt der Wissenschaft halten. Die noch immer materialistische Schulphysik lässt das gewiß ebenso wenig gelten wie Geister, und jede Diskussion darüber wäre müßig.

Diskutiert man mit einem Maulwurf über die Milchstraße? Der Ärmste, er *kann* sie nicht sehen.

Wahre Geschichten

Zwei unter vielen, ich kann wie Knecht Rupprecht mit einem ganzen Sack voll davon zu Ihnen kommen. Vielleicht ein anderes Mal.

Von diesen beiden bestätigt eine die Erfahrungen der wunderbaren Kübler-Ross, die ich als Papst sofort selig und heilig sprechen würde. Die Familie, in der sie passiert ist, gibt es noch und wer will, möge sie selber befragen. Für die andere gibt es außer mir keine Zeugen, die müssen Sie mir also schon glauben.

Meine alte Lateinprofessorin Mariechen Schuschitz hatte einen Cousin, den Steinböck Hansl, der mit Ehefrau und zwei kleinen Töchtern mobil unterwegs war. Sie verunglückten und wurden allesamt ins Spital eingeliefert. Zur Erleichterung der Mädchen kamen Papa und Mama an ihre in getrennten Zimmern stehenden Betten. Sie sollten sich, sagten sie, keine Sorgen machen, ihnen ginge es gut. Da waren beide allerdings bereits tot.

Am 14. Juni 1990 zogen mein Mann, ich und sechs Katzen in die Wiener Hofburg. Vor uns hatte dort der Förster Kaiser Franz Josephs gewohnt. Bis 4 Uhr früh geschah in der ersten Nacht nichts Ungewöhnliches.

Dann wachte ich auf und hörte die Glocken von den Kirchtürmen schlagen. Ein Pferd wieherte. Einmal läutete es leise an der Tür. Ich fiel in einen deutlich veränderten Bewusstseinszustand. Meine realen Möbel wurden von links nach rechts abgezogen wie eine Tapete, und dahinter erschienen ganz andere. Rechts neben mir hörte ich ein Radio, obwohl es in der ganzen Wohnung noch keines gab. Nach dem Signet sprach eine männliche Stimme – leise und irgendwie mechanisch, nicht lebendig – die Kriegsnachrichten aus dem Jahr 1943. Keine Ahnung, woher ich die Zahl wusste. Ich sah einen Exoten mit blauem Seidenturban telefonieren. Auf einmal wand ein Soldat in feldgrauer Uniform sich sterbend zu meinen Füßen und beteuerte immer wieder: »Ich habe die Krankenschwester nicht vergewaltigt, ich habe ihr keine Gewalt angetan!«

Am nächsten Morgen erkundigte ich mich, ob während des letzten Krieges ein Lazarett in der Hofburg untergebracht war? Ja, und zwar während beider Weltkriege. Der Soldat, man hatte ihn wohl unschuldig hingerichtet, kam nicht mehr. Hat er gewartet, bis ihn endlich jemand wahrnahm und ihm glaubte? Eine unerlöste Seele, die dadurch erlöst wurde?

Ich weiß es nicht. Die Wohnung liegt im ältesten Teil der Hofburg auf dem Kapuzinergang. Aber was spukt, sind nicht immer Geister. Das gilt auch für die weißen und schwarzen Damen, die Gespenster in Ketten, mit einem Strick um den Hals oder dem Kopf unterm Arm. Ich vermute, dass der Raum selbst Personen und Ereignisse speichert und ich zuweilen in einen Zustand gerate, in dem ich sie abrufe. Die Deutlichkeit der Erscheinungen könnte etwas mit der Emotion, der Erregung zu tun haben, in der ihre Urheber sich im historischen Moment gerade befanden. Phlegmatiker hinterlassen womöglich gar keine Spuren im Raum.

Gottfrieds Geist

Mein Mann wurde nach seinem Tod, besonders in der ersten Zeit, ziemlich häufig gesehen. Auch von mir. Aber hier möchte ich zwei wirklich unverdächtige, weil ungläubige Zeugen zu Wort kommen lassen. Ich ließ mir ihre Geschichten mit allen Unterschriften bestätigen.

»Unser Landhaus in Oberdürnbach steht direkt unter dem Haus von Gottfried von Einem und Lotte Ingrisch, und aus der Nachbarschaft ist bald eine Freundschaft geworden. In der Nacht vom Donnerstag zum Freitag, also dem 11. zum 12. Juli 1996, ist Gottfried in Oberdürnbach gestorben. Als ich mich sonntagabends, das war der 14. Juli, ins Bett legte, sah ich auf einmal ein intensives Grün. Zuerst ohne Struktur, dann fing es an, sich zu bewegen, von oben nach unten, und ich erkannte es als Weinlaub. Sah deutlich die Weinblätter, während ich gleichzeitig zu schweben schien. Horizontal zuerst und dann vertikal. Aha, denk' ich, das ist ja die Terrasse von Gottfried und Lotte!

Gottfried war auf der Terrasse, doch sah er nicht aus wie sonst. Kein Bart, keine weißen Haare. Aber ich weiß auch nicht, wie ich selbst nun aussah. ›Was ist eigentlich geschehen?‹, fragte Gottfried. ›So sag mir doch, Dietmar, was ist passiert?‹ Er fragte sehr eindringlich. Und obwohl ich doch um ihn trauerte, war ich jetzt ohne Gefühl. ›Du bist gestorben‹, sagte ich beinhart. ›Das tut mir zwar Leid für dich, aber du musst es zur Kenntnis nehmen.‹

Gottfried war deprimiert und enttäuscht. Der Zeitpunkt kam ungelegen, er hatte noch etwas vor. Wie Lotte mir später sagte, war er erst am Donnerstagnachmittag nach Oberdürnbach gekommen, um hier sein Streichtrio zu beenden. Er hat, wie ich aus Gesprächen mit ihm weiß, den Tod nicht gefürchtet. Doch war er nicht gerade begeistert, ausgerechnet jetzt gestorben zu sein.

Ich war vollkommen nüchtern. Ich habe derartiges zuvor weder erlebt noch geglaubt. Während des Erlebnisses empfand ich weder Angst noch Euphorie. Ich blieb völlig gelassen und erzählte, nachdem es vorüber war, alles sogleich meiner Frau Uli.«

Gezeichnet	Gezeichnet
Dipl.-Ing. Dietmar Pindeus	*Hofrat Dr. Ulrike Pindeus*

Weil es so komisch ist, zitiere ich aus unserem ersten Gespräch. Unser Nachbar hatte also Gottfried über seinen Tod aufgeklärt. Ich: »Dietmar, was hat er g'sagt?« Dietmar: »Ang'fress'n war er. Total ang'fress'n.« Nun zur nächsten Geschichte …

»Im Dezember 1995 erwarb ich von Gottfried von Einem und Lotte Ingrisch das Haus in Rindlberg, in dem beide fast 25 Jahre lang gelebt hatten. Bald darauf starb Gottfried von Einem. Nach umfangreichen Modernisierungen fuhr ich am 1. September 1996 allein in nunmehr mein Rindlberger Haus, verließ es um 19 Uhr, um ein Abendessen im Nachbardorf einzunehmen, und kehrte um 20 Uhr zurück. Zu meiner Überraschung brannte in Gottfried von Einems Komponierzimmer im ersten Stock Licht. Ich ging hinauf, drehte es ab und begab mich in mein direkt darunter befindliches Schlafzimmer, in dem vor mir Lotte Ingrisch geschlafen hat.

Ich ging zu Bett, da hörte ich über mir Schritte. Beunruhigt nahm ich meine Pistole und durchsuchte zuerst das Komponierzimmer und danach das ganze Haus gründlich nach vermeintlichen Einbrechern. Da ich nichts fand, ging ich wieder in mein Schlafzimmer, doch sperrte ich diesmal die Tür hinter mir zu und nahm sicherheitshalber die Pistole mit in mein Bett.

Da hörte ich abermals Schritte! Sie kamen vom Komponierzimmer über die Treppe herunter durch die verschlossene Tür direkt zu mir. Ich nahm eine Bewegung im Zimmer wahr und wollte nach meiner Pistole greifen, vermochte es aber nicht. Ich war wie paralysiert, während die Schritte sich meinem Bett näherten und es umkreisten. Meine rechte Hand wurde von einer anderen ergriffen und mein Arm bis über den Ellbogen hinauf abgetastet. Plötzlich empfing ich einen so starken elektrischen Schlag, dass es mich im Bett hochriss, und gleichzeitig erlangte ich die Herrschaft über meinen Körper zurück. ›Herr von Einem‹, rief ich, ›Sie sind immer willkommen!‹

Damit war der Spuk zu Ende. Ich rief sofort meinen Freund, den Verleger Prof. Ulrich Schulenburg, an und erzählte ihm alles. Ich habe nie zuvor an Geister geglaubt.«

Gezeichnet	Gezeichnet
Primarius Dr. Sava Kiprov	*Prof. Ulrich Schulenburg*

Vor ein paar Tagen habe ich Sava getroffen. »Spukt Gottfried noch?«, fragte ich. »Ja«, sagte er. »Aber jetzt schreck' ich mich nicht mehr.« – »Im Dorf redet man, du wärst beim Notar gewesen und hättest die Gottfried-Geschichten beglaubigen lassen. Stimmt das?« – »Ja«, erklärte Sava, und ich fiel ihm um den Hals. Dafür hätte er den Maria-Theresien-Orden verdient. Ein Arzt, ein Primarius, eine öffentliche Person! Und hat keine Angst, für die Wahrheit zu zeugen. Ich kenne so viele, die zu feig dafür sind. »Ich muss Rücksicht auf meine Familie nehmen«, sagen sie. »Meinen Beruf, meine Karriere.« Und im Fall von Universitätsprofessoren: »Die Kollegen reden sonst nicht mehr mit mir.«

Und so leben wir noch immer in Unwissenheit, Irrtum und Todesangst.

Umgang mit den Geistern toter Personen

»Unverschämte, Müßiggänger, Schmarotzer und zudringliche Leute rate ich in der gehörigen Entfernung von sich zu halten …«

Adolph Freiherr von Knigge, »Über den Umgang mit Menschen«

»Der Mensch ist, was seine inneren Bereiche anlangt, ein Geist. Diese Tatsache wird dadurch beleuchtet, dass er nach der Trennung vom Körper im Tode dennoch als Mensch weiterlebt wie zuvor … Ich darf noch hinzufügen, dass jeder Mensch, soweit es seinen Geist betrifft, sich in der Gesellschaft von Geistern befindet, auch während er noch im Körper lebt; allerdings wird er sich dessen nicht bewusst.«

Emanuel Swedenborg, »Himmel und Hölle«

»Der Mensch, so sagt Ghasali, ist fähig, auf verschiedenen Ebenen zu existieren.«

Zitiert nach Idries Shah, »Die Sufis«

»Religion erleben bedeutet neben dem Bezug zur Transzendenz auch Beziehungen zu den lebenden oder verstorbenen Mitmenschen aufzubauen.«

Karl R. Wernhart, zitiert aus Johann Figl, »Handbuch Religionswissenschaft«

»Es ist nichts Ungewöhnliches, dass ein erst kürzlich Verstorbener nicht begreifen kann, dass er den körperlichen Zustand verlassen hat ...«

»Das Totenbuch des Islam«

»Das positive Stadium soll frei von religiösen und metaphysischen Vorstellungen sein; es ist als höchstes Stadium das Stadium der positiven Wissenschaften.«

Auguste Comte, Begründer des Positivismus. Zitiert nach A. Ulfig, »Lexikon der philosophischen Begriffe«

»Es ist immer gefährlich, wenn etwas zu einem Dogma wird, wenn man nicht mehr länger zweifeln darf.«

Ulf Danielsson, »Physik für Poeten«

»Das Todesreich, die Anderswelt, ist das einzige Forschungsgebilde von Bedeutung.«

Holger Kalweit, »Das Totenbuch der Kelten«

Tote Lebensgefährten

»Sie sind die einzige Witwe«, hat einmal jemand zu mir gesagt, »der man einen schönen Gruß an den Herrn Gemahl auftragen kann.«

Selbstverständlich! Und ich richte alle Grüße aus. Das Sterben macht uns nicht tot, sondern nur etwas anders. Und diesen etwas Anders-Gewordenen können wir doch nicht die Existenz absprechen, nur weil unsere fünf Sinne sie nicht mehr erfassen. Katzen, Hunde, Fledermäuse und so weiter nehmen sie weiterhin wahr. Nur wir haben für die Frequenzen, auf denen die Toten leben, kein Organ. Da wir für das meiste in dieser und allen anderen Welten kein Organ haben, ist das nicht weiter verwunderlich. Ziehen wir also keine falschen Schlüsse aus einem Mangel, der nur uns selber betrifft. Versuchen wir lieber, ihn zu beheben.

Der erste Schritt auf dem Weg ist das Eingeständnis des Mangels. Der zweite wäre, das Jenseits zu lernen wie Chinesisch oder Geographie. Halten Sie sich an Informationen, die schon durch die Filter der Zeit gegangen sind. Der gegenwärtige Buch- und Seminarmarkt ist oft fragwürdig. Da müssen Sie den Schutt wie ein Goldgräber sieben, um Schätze zu finden. Aber es gibt sie! Dabei sind mir neugierige Universitätsprofessoren lieber als professionelle Pseudomedien, und ich ziehe revolutionäre Wissenschaften dem Esoterik-Markt vor. Achten Sie beim Bücherkauf auf die Reputation von Autor und Verlag, und bei den Seminarangeboten auf den Preis. Wer sich teuer verkauft, ist ein Geschäftsmann, eine Geschäftsfrau, und nichts wert. Und wer viel verspricht, hält wenig.

Hüten Sie sich vor so genannten aufgestiegenen Meistern, ihren Schülern und anderen Egomanen. Meiden Sie Besserwisser und Dogmen! Keine Erkenntnis ist eine Endstation. Wer kein Suchender bleibt, hat nichts gefunden. Echte Metaphysiker erkennen Sie an ihrer Schlichtheit, ihrer Bescheidenheit und ihrem Humor.

Der beste aller Lehrmeister ist die eigene Intuition. Vertrauen Sie ihr, und Sie müssen überhaupt nichts studieren. Oft ist es diese Intuition, die Ihnen die Anwesenheit eines geliebten Toten verrät. »Ich spür ihn«, sagen die Witwen und »ich spür sie«, die Witwer. Und beklagen sich, dass der oder die Tote, obwohl sie deren Anwesenheit so deutlich fühlen, nicht spricht. Das ist ungerecht. Die Toten sind nicht stumm, wir sind taub. Mit den Ohren können wir ihre Stimmen kaum mehr empfangen. Warum versuchen wir es nicht mit dem Herzen?

Beginnen Sie selbst das Gespräch! Aber nicht mit

Jammern und Vorwürfen. Aus Selbstsucht und Rücksichtslosigkeit stirbt für gewöhnlich niemand, also machen Sie keine Szenen. Ein schlechtes Gewissen hat den Toten gerade noch gefehlt. Sie haben es schon schwer genug, sich an ihre neue Situation zu gewöhnen. Helfen Sie ihnen lieber dabei!

Auf vorbildliche Weise geschieht das in Tibet, wo ein Lama die heiligen Texte des Totenbuchs für den Verstorbenen rezitiert. Bardo-Thödol, das heißt »Befreien durch Hören auf der Nachtod-Ebene«, ist eine Art thanatologischer Knigge, der über den rechten Umgang mit den Gottheiten des Zwischenreiches belehrt. Diese Gottheiten, ob zornig oder friedlich, sind wie wohl auch unsere Engel und Teufel Projektionen der eigenen Seele, Trugbilder der Hoffnung und Angst.

Nicht nur die Lebenden! Auch die Toten bedürfen der Belehrung, eines Führers durch die wechselnden, verwirrenden Erscheinungen im Bardo, dem Zustand zwischen Tod und Wiedergeburt. Nach tibetischer Lehre dauert er neunundvierzig Tage, und so lange begleitet der Lama den Verschiedenen, und ist die Sprache nicht wunderbar? Der Verschiedene ist jetzt verschieden von uns geworden und auch von sich selbst, wie er sich bisher erfuhr.

Wie die ägyptischen und andere Totenbücher, ist auch das Bardo-Thödol eine Initiation in das Jenseits, die Anderswelt. Sterbend erfahren wir das Klare oder

Ur-Licht. Doch fast immer fallen wir aus dem Zustand leuchtender Leere, in dem es weder ein Ich noch Tod und Geburt gibt, und folgen den trüben Lichtern, die uns wieder in karmische Existenzen verstricken.

Die Illusionen des Zwischenreichs mögen von Zeit zu Zeit, von Kultur zu Kultur andere sein. Unsere Toten im tibetischen Bardo zu unterweisen, ist vielleicht nicht sinnvoll, weil sie andere Schemen bedrängen. Rudolf Steiner rät, dem Toten das Johannes-Evangelium vorzulesen oder womöglich gleich seine eigenen Schriften, Vorträge und Gedichte. Da bin ich anderer Meinung als die ansonsten durchaus verdienten Anthroposophen.

Mit Gedichten strafen sollte man keinen Toten. Je nach seinen bisherigen Neigungen und Interessen würde ich ihm vorlesen, was ihm Spaß macht. Zum Beispiel einen Kriminalroman, mit dem er nicht ans Ende kam und jetzt weiß er nicht, wer war der Mörder? Oder »Alice im Wunderland«, Beileidsbriefe, die Zeitung. So schnell verändert der Tote sich nicht, und bestimmt machen seine Lieblings-CD's ihm noch Freude. Erzählen Sie ihm ruhig Neuigkeiten aus der Nachbarschaft, bald schon werden sie ihm völlig gleichgültig sein. Aber jetzt ist er noch nicht ganz von sich selbst entwöhnt, ist verstört, steht unter Schock.

»Es ist ziemlich merkwürdig«, ich zitiere Gottfried von Einem, »auf einmal kein Zentrum zu haben. Ich fühle mich wie ein Luftballon mit zerrissener Schnur. Ich kann mich nicht auf einmal von meinem Körper trennen und von meiner Identität auch. Ich bin noch keine Seele, kein Geist. Irgendwie bin ich dazwischen.«

Spätestens jetzt sollten Sie die jenseitigen Landkarten studieren. Lesen Sie selbst die tibetischen, ägyptischen, islamischen, germanischen, keltischen, westlichen und so weiter Totenbücher. Lesen Sie, als wären es Träume. Die Zwischenreiche gleichen den Träumen und werden von Religion zu Religion anders gedeutet. Das bedeutet nicht, dass sie lügen. Nur sind die Zwischenreiche selten statisch, sondern fließende Zustände, durch die Sie Ihre Toten liebevoll und behutsam begleiten sollen. Dazu empfehle ich Diederichs »Gelbe Reihe« und für den Anfang I. P. Couliano, »Jenseits dieser Welt.« Ob Vorlesen oder Erzählen, Sie tun etwas Gutes.

Lachen Sie manchmal mit Ihren Liebsten? Das sollten Sie, statt Tag und Nacht Trübsal zu blasen, was die Toten nur deprimiert. »Mit deinem ewigen Geschluchze«, ärgerte sich mein Mann, »machst du noch ein Gespenst nervös.«

Was können Sie noch für Ihre Toten tun? Weihrauch, Kerzen? Kann nicht schaden. Mauthe allerdings lachte mich aus, als ich ihm damit kam. Blumen? Ich schenke nie welche. In Vasen oder auf Gräbern, es ist und bleibt Mord. Man kann alles Mögliche auf ein Grab geben. Spielzeug, Liebesbriefe, Kuchen, Brandy und Wein. Das Grab meines Mannes war bei den Sandlern lange Zeit äußerst beliebt. Sowieso liegt, da wäre er ja schön dumm, auf dem Friedhof kein Toter. Die sind alle, wo sie immer waren, aber nicht nur. »Ich kann jetzt gleichzeitig überall sein«, freute sich Gottfried. »Ich kann mich teilen und bin in jedem meiner Teile ganz.« Und als ich einmal fragte, wo er jetzt wirklich wäre? »Ich bin eine Präsenz in deinem Bewusstsein.«

Leihen Sie dem Toten ab und zu Ihre Augen, Ihre Ohren, Ihren Gaumen und die Nase dazu. Vielleicht möchte er ins Kino gehen, die Philharmoniker hören, einen vertrauten Bratenduft riechen oder »l'heure bleue«? Und so lang hat er schon keinen Rioja geschmeckt!

Meine Freundin Yvonne, Witwe des großen Malers Weiler, verstand mich sofort. »Ich esse Kaviar«, beteuerte sie eifrig, »trinke Champagner – und der Max freut sich!«

Sind Sie immer noch traurig? Erwarten Sie nicht, dass der Tote Sie tröstet. Trösten Sie ihn! Sie beklagen sich, dass er Ihnen nicht erscheint? Erscheinen Sie ihm! Es kann nämlich sein, dass er jetzt einsam ist und Ihrer Gesellschaft bedarf. Seien Sie eine angenehme Gesellschaft!

Fortwährend erwarten die Lebenden, dass die Toten etwas für sie tun. Das ist sehr ungehörig. Die

Toten sind kein Dienstpersonal! Aber wir können für sie einiges tun. Energie in grünes, Gedanken in blaues und Liebe in rosa Seidenpapier wickeln, und ab geht die Post! Tun Sie irgendjemandem auf dieser Welt etwas Gutes, und es kommt wie ein Kuss, wie ein Lächeln bei Ihrem Schatz in der Anderswelt an.

Es gibt Geheimgänge, die beide Welten verbinden. Machen Sie die Augen zu, das Herz auf und begeben Sie sich auf die Suche.

Spiritistische Phänomene

Von der Mitte des 19. Jahrhunderts bis weit in das 20. Jahrhundert haben Geister sich während physikalischer Séancen materialisiert, und nicht alle Medien wurden als Betrüger entlarvt. Sie saßen in dunklen Kabinetten und schieden in Trance eine Art Halbmaterie aus, die man Ektoplasma nannte. Eine schleierartige Substanz, die sich zu Formen und Gestalten organisierte, in denen man Tote zu erkennen glaubte.

Berühmte Wissenschaftler, Nobelpreisträger darunter, haben Medien wie Phänomene sehr genau untersucht. Manches blieb und bleibt unerklärt, aber ich habe eine Theorie. Könnten die auftretenden Erscheinungen nicht die Doppelgänger, die Astrale der Medien gewesen sein? Ein Astral kann, so scheint es, beliebige Formen annehmen. Die Begabung der Medien bestand also nicht darin, Tote zu beschwören, sondern sich zeitweise von ihrer Physis zu trennen. Nicht immer vollständig, was den oft nur zum Teil geglückten Materialisierungen Pseudototer entspricht.

Auch hier kann ich mich auf eigene Erfahrung berufen. Während ich in kataleptischer Starre lag, war ich auf einmal im Nebenzimmer bei meinem Mann, wenngleich nicht zur Gänze. »Nur bis zu den Hüften«, seufzte er kummergewohnt. »Du hattest keine Beine.« Auch mich machte diese Geschichte nicht froh. Ektoplasma zu speien, blieb mir glücklicherweise aber bis heute erspart.

Versuche ich, den Spiritismus zu widerlegen? Nein, das tue ich nicht. Dazu wurde ich im Lauf meines Lebens mit den Geistern toter Personen viel zu vertraut. Denn natürlich gibt es sie. Aber kann man sie beschwören? Sie vom geheimnisvollen organischen Computer abrufen wie Informationen aus dem Internet? Vielleicht kann man es sogar, und darüber wäre ich traurig. Denn das würde uns, Lebende wie Tote, zu mechanischen Wesen machen. Und die sind wir hoffentlich nicht.

Anders verhält es sich, wenn Sensitive Tote spontan im Umfeld Lebender sehen. Das kommt wirklich vor, obwohl nicht so oft, wie professionelle Medien behaupten. Wo Geld oder auch nur Eitelkeit ins Spiel kommen, wird es rasch unseriös. Wer geliebte Tote sucht, findet sie am besten im eigenen Herzen.

Aber rufen Sie auch im eigenen Herzen keinen Toten zurück! Damit quälen Sie ihn nur. Und verschonen Sie ihn mit Ihrem Schmerz. Erlauben Sie ihm, ohne das Gepäck Ihres Kummers zu reisen. Wünschen Sie ihm eine schöne Reise.

Ist die Reise schön?

Die Trauer der Toten

In meinem Todesoptimismus hab ich lang nicht an Arme Seelen geglaubt. Aber ja, es scheint sie wirklich zu geben. Nicht nach Lehre der Religionen, die mit Fegefeuer und Hölle drohen. Der Richter, der freispricht oder verdammt, sind wir selbst. Auch richtet das Urteil sich nicht nach der religiösen Moral. Sondern? Vielleicht darf aus Brandy kein Fusel werden, aber das ist nur eine Vermutung. Viele Leute verpantschen und verpatzen im Lauf ihres Lebens aus Feigheit oder um des Vorteils willen sich selbst, und das ist die einzige Sünde. Gebote, Verbote und Gesetze sind notwendig für die Gemeinschaft der Lebenden. Über den Tod hinaus erstreckt sich ihre Gültigkeit nicht.

Die Toten trauern um sich selbst. Finden oft lang nicht aus dem Schatten, den ihr Leben wirft, ins Licht. Statt ihre Vergangenheit loszulassen, suchen sie unermüdlich nach Fehlern und Versäumnissen in ihr herum. Natürlich finden sie welche, und dann können sie sich selbst nicht ausstehen und leiden. Alles erscheint ihnen dumpf und trüb, und sie fühlen sich einsam. Kein Mensch weit und breit, und auch sonst nichts. Was, um Himmels willen, kann man da tun?

Es ist schon zeitlebens nicht leicht, sich zu mögen. Und erst hinterher! Da grollt man und grämt sich, und wahrscheinlich gibt es nicht einmal einen anständigen Whisky, mit dem man sich selbst herunterspülen kann. Jetzt sind die Hinterbliebenen an der Reihe. Statt sich in Tränen aufzulösen, sollen sie gefälligst ihrem jenseitigen Schatz beistehen. Aber keine Vorwürfe! Verzeihen Sie ihm oder ihr, und zwar alles. »Du hast mich betrogen, na und? Ist nur natürlich, und hoffentlich hat es Spaß gemacht. Kränk dich nicht, weil du mich gekränkt hast. Jetzt gibst du dir selber ein Busserl, ich gebe dir auch eins, und alles ist gut.«

Mit Kindern, Eltern, Geschwistern und so weiter redet man entsprechend anders. Wichtig ist nur, dass man ihnen das schlechte Gewissen nimmt, und sich selber gleich auch. Denn es ist geradezu ein Gesetz, dass Verstorbene wie Überlebende von Schuldgefühlen heimgesucht werden. Ob begründet oder nicht, spielt dabei keine Rolle. Große Verzeihung rundum ist angesagt. Schaut man sich die gewöhnlichen Tragödien einmal vom Sirius aus an, werden fast alle sehr komisch. Und dann sollte man gemeinsam über sie lachen, die Diesseitigen mit den Jenseitigen, denn sie sind gar nicht wirklich voneinander getrennt. Die eiserne Mauer ist nur im Kopf und kann jederzeit fallen. Wir müssen endlich aufhören, diesem Kopf, der ziemlich dumm ist, blind zu vertrauen.

Das einsame Jenseits

Oft sind die Toten am Anfang – und ein Anfang kann lange dauern – sehr allein. Ich weiß es, denn sie klagen darüber. Aber ich weiß nicht, warum es so ist. Denn Sterbende werden, darüber gibt es viele Geschichten, von geliebten Menschen und Tieren in der Anderswelt empfangen. Nicht immer vielleicht, aber einmal war ich selbst Zeuge. Ich saß am Sterbebett einer einstigen Wirtschafterin meines Mannes, und auf einmal begrüßte die Frau ihre polnische Familie. Es muss eine große Familie gewesen sein, die gekommen war, sie zu holen. Denn die alte Martha hat feierlich und voll Freude mit ihnen allen gesprochen. Aber sind sie geblieben?

»Keine Menschen, keine Pflanzen, keine Tiere. Nichts. Tote Erde.« So beschrieb es ein vor mehr als dreißig Jahren verstorbener Freund. »Sterne?«, fragte ich, und er: »Verhangene Himmel.« Auch Gottfried von Einem war eine kurze, und Mauthe sogar eine lange Zeit einsam. Beide verlangten nach meiner Gesellschaft, da sie keine andere hatten. Ist das Jenseits entvölkert?

Nein, das ist es gewiss nicht. Sondern der Verstorbene nimmt erst allmählich die Frequenzen der Anderswelt wahr. Was ihm als trostlose Leere erscheint, ist in Wahrheit der lebendige Kosmos der Toten. Natürlich wird er auch später nicht alle und alles erkennen. Sondern jeweils nur die seiner eigenen Stufe entsprechenden Wesen. Was zu groß oder zu klein für unsere Augen ist, können wir schließlich auch nicht sehen. Die Trennung in Sehen, Hören und so weiter scheint es in jenem anderen Zustand nicht mehr zu geben. Die Wahrnehmung wird allmählich total.

Bitten Sie also Ihren einsamen Schatz um Geduld. Er ist weder der erste noch der letzte Tote. Sondern er bekommt ohne Zweifel Gesellschaft, die zu ihm passt. Welcher Art diese Gesellschaft sein wird, dürfte von ihm selbst abhängen. Es kann auch geschehen, dass diesseitig von ihm sehr geschätzte Wesen ihm nun gleichgültig, ja sogar unsichtbar sind. Doch wird er, das können Sie ihm versprechen, darunter nicht leiden.

Ich denke, Lebende wie Tote sind Atome, die sich nach Gesetzen einer kosmischen Chemie zu Molekülen verbinden. Die organisieren sich dann zu Zellen, Organismen, Planeten, Sternen, Milchstraßen und so fort. Ken Wilber spricht vom »Holon«, das Ganzes und Teil zugleich ist. Wie jeder von uns auch. Lieschen Müller und Teil der Erde. Es gibt vielleicht jenseitige Milchstraßen, Sterne, Planeten, Organismen, Zellen, Moleküle. Können die Toten nur innerhalb jener Holons wahrnehmen, denen sie selbst, ihrer Natur entsprechend, angehören?

So könnte es sein.

»Konglomerat«, nannte es Mauthe posthum. »Wir sind Teile eines Konglomerats.« Aber nicht in ihm gefangen wie die Mücke im Bernstein. Aus einem Konglomerat oder Holon kann man ausziehen und in ein anderes ein. »Immer weiter aufwärts, immer weiter abwärts«, sagt Ken Wilber (»Eros, Kosmos, Logos«).

Der gute und der schlechte Tod

Rudi Schwarz war Chefredakteur der damaligen Medienzeitschrift »Hör zu«, für die ich Artikel schrieb. Er und seine Frau Karin hatten ein Haus in Reichenau, einem Nachbardorf von unserem geliebten Rindlberg, und wir haben viele fröhliche Abende miteinander verbracht. Dann wurde Rudi in die Hamburger Redaktion versetzt, erkrankte an Krebs und kehrte nach Wien zurück. Er wollte leben, er war noch nicht alt. »Was passiert mit mir?«, fragte er immer wieder verstört, und ich: »Du stirbst, aber hab keine Angst. Es gibt keinen Tod.« Weder das eine noch das andere glaubte er mir.

Kaum war er gestorben, rief sein bester Freund aus Hamburg an. »Was ist mit Rudi? Ich hab ihn soeben laut und deutlich gehört. ›Grüß dich, Egon. Hab keine Angst, es gibt keinen Tod.‹« Karin erzählte es mir sofort. Ein halbes Jahr später ist Egon der gleichen Krankheit erlegen.

Eine Geschichte, an der vier Personen an vier verschiedenen Orten beteiligt waren. Mit Halluzination kann man sie also nicht erklären. Nicht diese, und nicht die vielen anderen Geschichten, die überall und zu allen Zeiten passieren. Wer noch immer hartnäckig einen den Körper überlebenden Geist leugnet, trägt Scheuklappen und ist – ich bitte um Verzeihung – leider dumm. Wäre es nur zu seinem eigenen Schaden! Aber der materialistische Aberglaube, das positivistische Vorurteil richten wie eine ansteckende Seuche verheerende Schäden in unserer Kultur und Gesellschaft an. Aus lauter Angst vor dem endgültigen Aus trauen die Leute sich nicht mehr zu sterben und überleben sich mit Hilfe einer verblendeten Medizin selbst.

Im Zeitalter der Gerätemedizin widerspricht der Hippokratische Eid den ethischen Geboten und macht die Menschen erbärmlich an Seele und Leib. Der elende Zustand eines Sterbenden dauert nämlich in der nächsten Wirklichkeit an. Nicht immer und ewig, aber doch lang genug, um ihn zu ängstigen und zu quälen. Das haben andere Kulturen gewusst, und auch in unserer war es Meister Eckhart, der darauf aufmerksam machte.

Die Medizin soll nicht nur für ein gutes Leben sorgen, sondern auch für einen guten Tod. Das künstlich verlängerte Leben ist selten gut, und der künstlich verlängerte Tod immer schlecht. Statt lebende Leichen zu züchten, sollten die Ärzte uns einen schmerzfreien und würdevollen Abschied ermöglichen.

Leben und Tod sind keine Gegensätze, sondern einander ergänzende Zustände des Bewusstseins.

Darum müsste das Recht auf Leben durch ein Sterberecht ergänzt werden, das allerdings jeder nur für sich selbst einfordern darf. Künftige Generationen werden mit Schaudern auf die Barbarei unserer Spitäler und Altersheime zurückblicken.

Wer nicht bereit ist, unter unzumutbaren Bedingungen zu leben, darf nicht dazu gezwungen werden. Besser als ein unbarmherziges Leben ist allemal ein barmherziger Tod.

Der Verlust des Fragezeichens

In einem fiktiven Gespräch, das der berühmte Mathematiker John von Neumann mit Gott führte (Lars Garding, »Mathematik, Leben und Tod«), ging es auch um den Big Bang, jene gewaltige Explosion konzentrierter Energie, durch die nach Ansicht der meisten Physiker unser Universum entstand. »Wenn es so war«, meinte Gott, »dann war ich der Urknall.«

»Wenn es so war ...«, sagt Gott und gibt ein Beispiel, wie es treffender nicht sein könnte. »So war es!«, verkünden die Religionen, die Sekten, und »so ist es!« – nach immer wieder vorgenommenen Korrekturen – die Wissenschaft. Der Verlust des Fragezeichens ist einer der schlimmsten überhaupt, denn mit jedem verlorenen Fragezeichen wird die Welt kleiner.

Nicht von Antwort zu Antwort wachsen wir, sondern von Frage zu Frage. Jede Frage öffnet, jede Antwort schließt eine Tür. In der Frage fließen, in der Antwort erstarren wir. Sollen wir also keine mehr geben? Aber ja, und zwar viele. Wir müssen nur einsehen, dass keine die letzte ist. Antworten werden, wie die Primzahlen, immer mehr. Es ist wie bei diesen Edelsteinen unter den Zahlen – hat man eine Antwort, weiß man, dass es noch eine nächste gibt.

Mein liebstes Zeichen ist das Fragezeichen, und ich stelle es an das Ende dieses Buches. Gemeinsam sind wir den Weg von der Frage zur Antwort gegangen, doch ist der Weg nicht zu Ende. Das wird er wohl nie sein. Darum gehen Sie bitte weiter, gehen Sie an mir vorbei. Ich habe Ihnen nicht die Wahrheit gesagt, weil es sie nicht im Singular gibt. Sondern im Plural und in Pluralen. Die Wahrheit ist eine Leiter, und auf jeder Stufe entdecken Sie eine andere Welt.

Oder vielleicht ist die Wahrheit der Big Bang, mit dem Gott sich in alle Winde zerstreute. In alle Schöpfungen, und in alle Geschöpfe. Keine Schöpfung und kein Geschöpf darf sich rühmen, sie erkannt zu haben oder gar zu besitzen. Doch erahnen wir überall, auch in uns selbst, ihre Spur.

»Alles, was wir jetzt sehen«, sagt der heilige Paulus, »sehen wir nur undeutlich und durch einen trüben Spiegel verzerrt.« Aber der Spiegel sind wir! Der Big Bang, an den die Physik glaubt, ist das Symbol unserer eigenen Zerrissenheit. Wir haben das Zentrum verloren, das Ziel und den Sinn.

Erst, wenn wir in Gott oder den Big Bang zurückkehren und alles Getrennte sich wieder vereint, wird auch die Wahrheit eine einzige sein.